HEYNE FILMBIBLIOTHEK

Heinz Rühmann, geb. 7. März 1902 in Essen.

Gregor Ball

HEINZ RÜHMANN

SEINE FILME – SEIN LEBEN

Originalausgabe

WILHELM HEYNE VERLAG
MÜNCHEN

HEYNE FILMBIBLIOTHEK
32/24

Herausgeber: Bernhard Matt
Redaktion: G. Binder & P. K. Kautzky

*Gewidmet all jenen,
die sich den Sinn für das kleine Glück
bewahrt haben.*

6. überarbeitete, erweiterte Auflage

Copyright © 1981 by Wilhelm Heyne Verlag
und Ferenczy Verlag AG, Zürich
Umschlag- und Rückseitenfoto: Stiftung Deutsche Kinemathek, Berlin
Innenfotos: Archiv des Autors, München; Stiftung Deutsche Kinemathek, Berlin;
Süddeutscher Verlag Bilderdienst, München; Deutscher Fernsehdienst
Peter W. Engelmeier, München; Ullstein Bilderdienst, Berlin; Interfoto Rauch,
München; Abass Yalda, Hamburg; ZDF; Schaller
Umschlaggestaltung: Atelier Ingrid Schütz, München
Printed in Germany 1992
Druck und Verarbeitung: Ebner Ulm

ISBN 3-453-86024-1

Inhalt

Danksagung

Für Rat und Hilfe dankt der Autor folgenden Personen und Institutionen: Renée Aigner, Deutsches Institut für Filmkunde (Frankfurt), Bärbl Hermann, Peter K. Kautzky, Bernhard Matt, Erich Felix Mautner, Wolfgang Saiko, Heribert Schaack, Margit M. Schütt, Eberhard Spiess, Elke Weidemann, Werner Winetzhammer, Beate Woitsch.

Einleitung

Oft wurde gefragt, warum Heinz Rühmann so riesigen Erfolg hat, warum sich Millionen mit seinem Charakter identifizieren. Was hat Rühmann so populär, so unverwechselbar zum großen »Kleinen Mann« gemacht?

Was bedeutet es, wenn 92 Prozent aller Bundesbürger seinen Namen kennen, 68 Prozent aller Deutschen ihn – aus den unterschiedlichsten Motiven heraus – für ein Vorbild halten? Wenn Adenauer und Rühmann in Polen die beliebtesten Westdeutschen sind?

Das Geheimnis Rühmanns um seine Dauerwirkung läßt sich wohl kaum ausreichend erklären. Wenn er siegt, siegt er stellvertretend für alle. Wenn er verliert, dann macht er uns unsere eigenen Niederlagen leichter.

Er ist der Mann, der drei Generationen in seinen Rollen die tröstliche Gewißheit schenkte, daß auch der Kleine siegen kann über die Bösen, über die Harten und Treulosen dieser Welt.

So wie David über Goliath – und nur mit einem Lächeln.

Heiterkeit mit Hintersinn – das ist und war seine Stärke.

Figuren, in denen die Herzlichkeit des kleinen Mannes über alle Tücken triumphierte. Er ist der Gegentyp des so ganz erwachsenen und selbstsicheren, souveränen Mannes: der optimistische, lachende, groß gewordene Kleine. Seine Bitterkeit ist nicht die des Gereiften, sondern die des Einsamen – des Clowns, des Außenseiters, des ewig Klassenletzten, Klassenlosen.

Undenkbar, daß dieser Typus in Frankreich, England oder Amerika hätte so entstehen können: mit dieser heiteren Offenheit, dieser nöligen Unbesiegbarkeit.

Dieses Buch ist die Aufzeichnung eines bunten, wechselvollen Lebens. Es zeigt helle Bilder voller Fröhlichkeit, aber auch Bilder voller Schatten und Momentaufnahmen eines Lebens, das immer wieder in gelegentliche Sonnenfinsternis privater und beruflicher Tragödien geriet.

Es ist ein ehrliches Bilderbuch, in dem kein Kapitel fehlen soll, in dem Erfolge und Niederlagen, Freunde, Frauen und seine Filme vorkommen. Es berichtet aber auch von Glanz und Elend der Menschen, die er nie vergessen hat – und Menschen, die er gern vergessen wollte, weil sie ihm Schlimmes angetan hatten.

Er ist ein Stück Filmgeschichte, auch ein winziges Stück Weltgeschichte.

Heinz Rühmann und sein verschmitztes Lächeln – so kannte und liebte ihn sein Publikum seit vielen Jahrzehnten. Millionen von Menschen lachten und weinten mit ihm in seinen über hundert Filmen, die sehr oft durch seine unverkennbare Situationskomik zu Kassenschlagern wurden.

Ähnlich wie Charlie Chaplin ist er bereits zu Lebzeiten zu einer Legende geworden. Seine ungeheure Popularität liegt wohl darin, daß er mit großer Überzeugungskraft das Schicksal des ›kleinen Mannes‹ darstellte, der sich aus Leibeskräften gegen die Großen und Mächtigen wehrt. Mit dem man sich identifizieren konnte, weil er nie nach den unerreichbaren Sternen griff, sondern mit Vehemenz um sein ›kleines Glück‹ kämpfte.

Heinz Rühmann, oftmals zum beliebtesten deutschen Schauspieler gekürt, ist heute weit über die deutschen Grenzen bekannt. Eine Vielzahl von ehrenden Ernennungen und Auszeichnungen zollen ihm höchste Anerkennung für sein Schaffen – nicht zuletzt aber auch dafür, daß er den Menschen Mut, Trost und Freude vermittelt hat. Weil er vermocht hat, immer wieder aufs neue ein wenig Sonne in den Alltag zu bringen.

München, im Februar 1992   *Gregor Ball*

Der erste Applaus

Als Heinz Rühmann am 7. März 1902 in Essen geboren wurde, lächelte kein wie immer auch gearteter Musenmensch in seine Wiege hinein. Trotzdem löste sein erstes Erscheinen große Begeisterung aus. Vater Hermann war über den zweiten Sohn, der in der Kettwigerstraße im Hotel Stemme im ersten Stock hinter der Tür mit der Aufschrift *Privat* zur Welt gekommen war, ganz aus dem Häuschen. So sehr, daß er seine zahlreichen Freunde unverzüglich zu einem gewaltigen Umtrunk einlud.

Derlei war für Vater Rühmann, der bei Großvater Stemme Kellner war, ein willkommener Anlaß. Wieder einmal brauchte er im Umgang mit den Alkoholbeständen seines Schwiegervaters nicht kleinlich zu sein.

Weil Heinz als zweiter Sohn hinsichtlich der Erbfolge alles klar machte, wurde es ein wirklich bewegtes Fest. Die Herren ließen es in dieser Nacht nicht bei Trinksprüchen und frohen Liedern bewenden. Einige von ihnen kletterten immer wieder jene Säulen hoch, von denen die Halle des Hotel Stemme getragen wurde.

Die Familienverhältnisse im Geburtshaus des Heinz Rühmann: Da war zum einen Großvater Stemme, Ingenieur bei der Firma Krupp, eine imposante Erscheinung, ein hochverdienter und äußerst bemerkenswerter Mann. Und da waren Hermann Rühmann, der Vater von Heinz, dessen um drei Jahre älterer Bruder Hermann und die um drei Jahre jüngere Schwester Ilse. Er hatte im besagten Hotel als Kellner begonnen und nicht eher aufgehört, bis er Schwiegersohn des Besitzers geworden war. Insofern hatten die beiden Sprößlinge für ihn unverkennbar ihren Wert: Hoteliers sollten sie werden, jawoll, tüchtige Hoteliers! Denn abgesehen von der Heirat mit der Tochter des Besitzers, war Vater Hermann für die Hotelbranche ein hochbegabter Mann.

Und dann war da natürlich Mutter Margarethe, die geliebte Mutter, für die Heinz Rühmann später eine sehr stark ausgeprägte, fast madonnenhafte Verehrung empfinden sollte. Immer wieder fand er die schönsten und dankbarsten Worte, und viele seiner späteren Verhaltensweisen wurden von der Erkenntnis geprägt: »Niemand ist mit ihr zu vergleichen.« Das dabei wohl entscheidend auslösende Element seiner heftigen Mutterliebe war – der Vater!

Genauer gesagt: das komplexe Verhältnis zwischen Vater und Mutter, Vater und Sohn, Sohn und Mutter. Es war ein im Grunde genommen bereits frappierend festgelegtes Trauma, lange bevor Heinz geboren wurde.

Das wohl erst nach Jahrzehnten erkennbar Denkwürdige an der Geburt von Heinz Rühmann: er ist nicht nur nahezu genauso alt wie unser Jahrhundert – vielmehr wurde mit ihm fast zugleich das geboren, was später als Filmindustrie bezeichnet werden sollte. Und worauf er dann hier in Deutschland ganz erheblichen Einfluß nehmen sollte – ob er nun wollte oder nicht. Vorerst allerdings wußte man in der Kruppstadt Essen von all dem noch nichts.

Es war die große Zeit der Kaiserlichen, des Wilhelminischen Reiches.

Zwar schrieb bereits im gleichen Jahr ein Lenin seine revolutionäre Schrift *Was tun?*, und ein gewisser Trotzki flüchtete von Rußland nach London. Henrik Ibsen, Rainer Maria Rilke und Selma Lagerlöf machten von sich reden. Beim *Simplizissimus* in München wurde ein gewisser Gulbransson Mitarbeiter, Cézanne malte *Mädchen und Puppe* und Gauguin weitere Tahitibilder.

In Berlin wurde Kaiser Wilhelm gefilmt, und in Amerika gelang es erstmals, die Fahrt einer Lokomotive auf Zelluloid einzufangen. In Los Angeles wurde in diesem Jahr das erste ständige Kino ›Electric‹ eröffnet. Es sollte aber noch gut sechs bis sieben Jahre dauern, bis Los Angeles einen Vorort namens Hollywood bekam, in dem sich Filmfabrikanten ansiedelten. Filmpionier Oskar Messter begann seine Arbeit, führte seine ersten ›Tonbilder‹ (eine Koppelung mit Grammophonaufnahmen) öffentlich vor. Noch im gleichen Jahr gab es den ersten Messter-Film *Salome* mit der für heute geradezu aberwitzigen Länge von 75 Metern. Der aus einer Bühnennummer gefilmte Tanz der Salome wurde auch zum Beginn der Karriere des Kameramanns. Sein Name: Carl Froelich – er sollte rund dreißig Jahre später mit dem Knäblein, das noch schreiend in der Wiege lag, als Regisseur und später als Freund einige bekannte Filme machen.

Doch kaum etwas davon war damals in Essen bekannt, nichts davon flimmerte dort auch nur über irgendeine Leinwand.

Der kleine Heinz Rühmann mit seinem großen Bruder Hermann, 1908.

Der Säugling Heinrich Wilhelm Hermann Rühmann – so sein voller Name – war nichts weiter als ein vielversprechendes Geschöpf der Hotelbranche, das schon wenige Monate nach der Geburt mit seinen Eltern nach Wanne (dem späteren Wanne-Eickel) zog. Offenbar hatte Vater Rühmann versucht, sich dem direkten Einfluß von Schwiegervater Stemme zu entziehen. In Wanne wollte er mit der Übernahme der Bahnhofswirtschaft sein eigener Herr werden – was ihm zumindest für den Bereich des Weinkellers gelang. In der Küche waltete und schaltete die Mutter allein. Mit gutem Erfolg, da sich schon bald Feinschmecker aus näherer und weiterer Umgebung einfanden.

Heinz Rühmann hat natürlich auch an die ersten Jahre seiner Kindheit keine direkten Erinnerungen, er muß sich aber darüber doch recht ausführlich informiert haben. In seiner stets strebsam bemühten größtmöglichen Objektivität vermeldete er stets nur Gutes von seinem Vater, wie etwa: »Er war gern fröhlich und uns Kindern gegenüber sehr gutmütig. Und er muß auch ein ausgezeichneter Geschäftsmann mit vielen neuen Ideen gewesen sein.«

So stellte er für Reisende eine Automatenstraße auf und versah seine Butterbrote mit der werbewirksamen Aufschrift *Auf Wiedersehen in der Bahnhofswirtschaft Wanne-Eickel*. Mit solchen und ähnlichen Einfällen hätte Vater Rühmann heute viel Geld gemacht. Damals freilich war er seiner Zeit voraus.

Aber auch mit Fehlern behaftet, die ein begabter, talentierter Geschäftsmann eben haben kann. Er war sehr gesellig, zu großzügig, recht trinkfest und lebte, wie Heinz Rühmann sich einmal erinnerte, ›für seine zahlreichen Stammtischfreunde, die wohl allesamt fröhliche Zecher gewesen sein mußten‹.

Die Mutter von Heinz Rühmann war das genaue Gegenteil: still, sensibel, zurückhaltend und doch mitten im Leben stehend. Immer wieder versuchte sie, das Erreichte zu mehren oder wenigstens zu bewahren. Zwei Aussprüche von ihr, die Rühmann zufällig mitbekam und nie vergessen hat, beweisen, daß sie sich über ihren Mann keine Illusionen machte: ›Du bist doch dein bester Gast‹, und Jahre später: ›Du solltest nicht so viel darüber nachdenken, was deine angeblichen Freunde von dir halten.‹

Und doch verdankt Heinz Rühmann den immer zahlreicheren Festen mit immer zahlreicher werdenden Freunden seinen ersten Auftritt. Der wohl ein unauslöschliches Erlebnis geblieben ist.

Fünf Jahre etwa muß Rühmann damals gewesen sein. Er hatte

Mutter Margarethe Rühmann mit Sohn Heinz und Tochter Ilse, 1912.

eine schöne vollständige Miniuniform vom Vater bekommen – so wie sie sein großer Bruder Hermann schon mit Stolz trug. Die Kinder durften bei den oft ausgelassenen Festen gelegentlich dabei sein. Um die Freunde zu amüsieren, holte Vater Rühmann Heinz auch mal aus dem Bett, stellte ihn mit wehendem Nachthemd auf den Stuhl und ließ ihn Gedichte aufsagen. Die Proteste der Mutter gegen solch nächtliches Schauspiel blieben ungehört und waren vergeblich.

Hier rezitierte dieses muntere Kerlchen ›recht Deftiges, grob Gereimtes‹. Was es genau gewesen ist, hat Rühmann nicht behalten – auf einen Refrain allerdings konnte er sich jedoch Jahrzehnte später noch sehr genau erinnern: ». . . und begrüßte Tante Karoline!« Worauf er militärisch die Hand an den Kopf gelegt habe und der Beifall – sein erster Beifall – ein lebhafter gewesen sein soll. Der Vater strahlte ganz im Stolz über den talentierten Sohn, dem Knirps gefielen die Auftritte, die sich – sehr zum Leidwesen der Mutter – noch mehrmals wiederholten sollten.

»In mir«, sagte Heinz Rühmann später einmal, »war wohl schon damals der Drang, mich zu produzieren. Und ich muß auch zugeben, daß mir der Beifall der angeheiterten Gäste als tiefer Eindruck in Erinnerung blieb.«

Doch während das Knäblein Rühmann seine Gabe, Gedichte ausdrucksvoll vorzutragen, mehrfach unter Beweis stellte, steuerte der Vater, umgeben von einer fröhlichen, trinkfesten Runde, zielstrebig aber unaufhaltsam einer Pleite von der großen Sorte entgegen.

Der erste Zusammenbruch begann, so glaubte Rühmann später zu wissen, mit Großvater Stemme. Denn dieses bislang – in den Augen des kleinen Heinz – jupiterhaft erscheinende Familienoberhaupt, der erfolgreiche Hotel- und Brauereibesitzer, war inzwischen ein hochbetagter Mann. Dennoch heiratete er wieder, und die Rühmann-Kinder bekamen eine sehr jugendliche Großmutter.

Zwar hat Heinz an sich nichts gegen junge Frauen – gelegentlich erprobte er sich bei ihnen ganz gern. Das jedoch stets mit Distanz, als formvollendeter Kavalier. So zahlreich auch die verführerisch günstigen Gelegenheiten in seinem Leben gewesen sein mögen – er ist kaum einer davon spontan oder gar heißblütig erlegen.

Denn das hat sein Publikum offenbar immer ganz deutlich gespürt: Ein Heinz Rühmann wird niemals leichtfertig Verlockungen nachgeben und gehört keinesfalls zu jenen, die mit Frauen

Der Schauspielschüler.

Oben: Heinz Rühmann mit Frau Maria in den zwanziger Jahren am Steuer seines dreirädrigen Diavolo.

Rechts: Heinz Rühmann im ›Fliegerzimmer‹ seiner ersten Berliner Wohnung.

spielen! Was in der Praxis des Alltags später dann so aussieht: Rühmann hat immer ungleich Wichtigeres zu tun, wie z. B. Theaterspielen, Filme machen und auf seine Erscheinung als stets liebenswerter guter kleiner Mann zu achten. Und dabei peinlichst Skandale zu vermeiden – obwohl ihm dies, wie man noch sehen wird, nicht immer gelang.

Diese junge Frau des bisher so verehrungswürdig wirkenden Großvaters wurde jedenfalls, aus dem Unterbewußten heraus und auch von seiner Mutter, als Gefahr erkannt: ›Sie trennt die Familie!‹ Fortan wurde sie ebenso wie der ehemalige ›Jupiter-Großvater-Stemme‹ tunlichst verschwiegen.

Die Gabe, ernste Gedichte recht ausdrucksvoll vorzutragen, blieb auch in der Schule nicht verborgen. Anläßlich vaterländischer Feiern – es war schließlich Kaiserzeit – war der kleine Heinz Rühmann stets einer von jenen, die ellenlange Gedichte aufsagen mußten und konnten. Scheinbar, wie ganz selbstverständlich,

Vor dem Abflug nach München: Heinz Rühmann, 1931, mit Frau Maria auf dem Flugfeld Tempelhof, Berlin. Die einmotorige Maschine hatte Elly Beinhorn dem Schauspieler eingeflogen.

Duzfreunde: Ernst Udet und Heinz Rühmann bei fliegerischem Erfahrungs-austausch auf dem Flughafen Tempelhof (1935).

entümer Heinz Pühmann
Rüstgewicht 420 kg
Zuladung 285 "
Fluggewicht 705 "
Personen 2
zte Nachpr. 6.2.36
chste " 6.2.37.

Oben: Mit Ehefrau Maria, geb. Bernheim, am Frühstückstisch.
Links: Heinz Rühmann trifft letzte Vorbereitungen zum Start. Eine Aufnahme aus dem Jahre 1936.

wurde er ein guter Schüler – ein sehr guter Schüler sogar. Und das in nahezu allen Fächern einschließlich Religion und Turnen, wobei letzteres besonders bemerkenswert erscheint.

Hier kommt ein wesentlicher Grundzug von Heinz Rühmann bereits deutlich in den Vordergrund, der in der Psychologie mit dem Begriff ›Kompensation‹ erklärt wird. Denn Rühmann war – und ist es immer geblieben – klein und zierlich. Keinesfalls wirkte er kraftvoll, da eher schon voller Ausdauer und Energie. Und zäh konnte er geradezu in dem Bemühen sein, niemals und nirgendwo übersehen zu werden. So auch nicht dort, wo man ihn gar nicht vermutete.

Das alles war auch der tiefere Grund, warum er ein Musterschüler, aber kein Musterknabe und schon gar kein Kind von Traurigkeit war. Weil er es wollte und glaubte, es überall zu müssen, fiel er auch prompt überall auf: als Schüler und Lausbub. Bei lustigen Streichen war Heinz Rühmann oft der Anführer, bei den üblichen Prügeleien durfte er nicht fehlen, und wenn mal tatsächlich gepetzt wurde, dann war noch gar nichts verloren: Heinz redete wie ein Buch und beteuerte dermaßen wirkungsvoll die eigene Unschuld

21

1. Juli 1939: Heinz und Hertha Rühmann, geb. Feiler, nach der Trauung auf dem Standesamt Berlin-Wannsee. Links neben Heinz Rühmann sein Bruder und Trauzeuge Hermann.

und die seiner Kameraden, daß der arme Lehrer schließlich glaubte, sich geirrt zu haben.

Selbst bei Straßenschlachten wollte er nicht fehlen, wofür es heute noch – Jahrzehnte danach – einen sichtbaren Beweis gibt. Wer etwa eine Großaufnahme von Heinz Rühmann oder ihn selbst genau betrachtet, vermag die Narbe in der Nähe des linken Mundwinkels zu erkennen. Dort traf ihn ein Stein. Er blutete heftig, und ein Kampfgefährte stellte mit großem Sachverstand fest: »Das ist wie bei einer angestochenen Sau. Alles ist aufgeplatzt, man kann deine Zähne sehen.«

Es ist und blieb gewissermaßen eine unauslöschliche Erinnerung an die manchmal recht turbulenten Jugendjahre.

Inzwischen hatte der Vater den Sprung zurück nach Essen gewagt – doch nicht etwa in die Arme von Schwiegervater Stemme. Hermann Rühmann übernahm vielmehr – es war wohl im Jahre 1913 – das renommierte Hotel Handelshof in der Nähe des Bahnhofs Essen. Das war ein stattliches Haus mit fünf Stockwerken und ein großes, gutgehendes Hotel. Es sollte das große Geschäft seines Lebens werden – aber es wurde der Ruin.

Vater Rühmann hatte es sich längst abgewöhnt, auf seine solide und arbeitsame Frau zu hören. Er tat so, als sei das große Geschäft bereits gemacht, und lebte vom ersten Tag an über seine Verhältnisse. Um vor seinen vermeintlichen Freunden wirkungsvoller

Gemütliches Beisammensein im Rühmann-Haus am Kleinen Wannsee am Abend des Hochzeitstages: Heinz Rühmann zwischen Ehefrau Hertha (links) und Maria Rühmann, geb. Bernheim.

Oben: Heinz Rühmann vor seinem in den letzten Tagen des Kampfes um Berlin bis auf die Grundmauern niedergebrannten Haus am Kleinen Wannsee.

Links: Herr und Hund im Garten des Rühmann-Hauses am Kleinen Wannsee.

repräsentieren zu können, schaffte er sich unverzüglich eine stattliche Kutsche an. Natürlich durfte auch der erste Zeppelin nicht ohne ihn starten – in sportlicher Kleidung mit weißer Mütze flog Hermann Rühmann in der Riesenzigarre mit.

Ein Foto davon hing lange Zeit im Zimmer des Sohnes, denn Heinz war immer bereit, den Vater zu bewundern – was ihm wohl oftmals, da doch ganz im Bannkreis seiner Mutter, recht schwergefallen sein muß.

Heinz Rühmanns Haus in Berg/Starnberger See

Der aufwendige Lebenswandel des Vaters blieb auch nicht ohne Folgen. Zunächst mußte der Handelshof aufgegeben werden, und nach der geschäftlichen Katastrophe folgte unmittelbar die sehr persönliche: Hermann Rühmann wurde von seiner Frau aufgefordert, sich von ihr zu trennen.

Er tat es und tat es doch auch wieder nicht. Er tobte, fluchte und flehte, und eines Nachts hörte Heinz Rühmann seinen Vater gegen die Schlafzimmertür pochen, hinter der Mutter lag – sie blieb verschlossen. Dann legte sich der Vater wortlos neben seinen Sohn, weinte und schluchzte. Später bestand er darauf, daß dieser den ›Trennungs- beziehungsweise Scheidungsverhandlungen‹ beiwohnte.

Natürlich waren immer noch nicht irgendwelche Bezüge zwischen dem nunmehr zwölf Jahre alten Knaben in Essen und der kaum viel älteren Filmgeschichte zu erkennen. Zwar gab es in Frankreich bereits einen Max Linder – Heinz Rühmann sollte seine Leistungen später fast mühelos übertreffen.

In Deutschland tauchte erstmals im Zusammenhang mit Film der Name Henny Porten auf – Heinz Rühmann sollte auch berühmter werden als sie. In den USA begann sich einer der ganz Großen, geradezu ein Genie des Films, in den Vordergrund zu schieben – ein gewisser Charlie Chaplin. Später sollte man Rühmann den ›deutschen Chaplin‹ nennen, was gewiß nicht stimmt und wohl ausschließlich als Ehrung gedacht war.

Inzwischen war ein Krieg ausgebrochen, der später als Weltkrieg, noch später als Erster Weltkrieg in die Geschichte eingehen sollte. Er machte auf den Knaben Heinz nicht den geringsten Eindruck. Doch das Jahr 1915 blieb ihm sehr genau in Erinnerung – nicht etwa wegen der Kämpfe um Verdun oder des ersten Gasangriffes in der Geschichte des Krieges. Vielmehr schenkte ihm der Vater sein erstes Fahrrad. Dies war für Heinz natürlich ein viel nachhaltigeres Ereignis.

Das war übrigens eine für Heinz Rühmann bezeichnende Einstellung. Denn immer wieder betonte er, daß er überhaupt kein Gefühl, gewissermaßen nicht das geringste – so machte er immer wieder überzeugend glaubhaft – Verständnis für geschichtliche Ereignisse oder politische Zeitströmungen habe. Dies war es auch, das ihm später erfolgreich helfen sollte, die Verstrickungen des Dritten Reiches vergleichsweise unbeschadet zu überstehen.

Während des Ersten Weltkrieges jedenfalls war er entschuldbar jung, überdies wohl auch gewiß sehr abgelenkt. Denn der Vater wurde immer lauter, die Mutter dagegen immer stiller. Jedenfalls – Heinz Rühmann war damals gerade vierzehn – begriff er seinen Vater nicht. Später glaubte er ihn zu verstehen: Vater kämpfte um sein Leben. Denn ohne Mutter – das hatte er wohl erkannt – war er verloren. Und so war es dann auch. Kaum hatte sich die Familie getrennt, beging Vater Hermann Rühmann Selbstmord. Die restliche Rühmann-Familie – Mutter und die drei Kinder Hermann, Heinz und Ilse – übersiedelten nach München. München bot sich damals noch als vergleichsweise preisgünstiger Aufenthaltsort an, zumal dort auch Mutters einzige Freundin, eine gewisse Tilly Korn, wohnte.

Heinz Rühmann kam in die bajuwarische Metropole, in so einer Art piekfeinem preußischen Matrosenanzug – und wurde prompt ausgelacht. So etwas wurde hierzulande – in nördlichen deutschen Ländern als proper, haltbar und dekorativ empfunden – bestenfalls im Fasching getragen. Die neuen Gefährten an der Max-Reger-Schule verspotteten ihn, und er hatte schnell seinen ersten Spitznamen weg: ›Rührei‹.

Es war jedoch bezeichnend, was hier innerhalb weniger Wochen und Monate geschah: Widerstände, gleich welcher Art, haben Heinz Rühmann immer schon alarmiert und mobilisiert. Alsbald erschien der Knabe Heinz in bayerischer Gewandung und zünftiger Krachledernen. Unentwegt sagte er ›Grüß Gott‹ und bemühte sich auch sonst, richtig bayerisch zu wirken und zu sprechen.

Mit Erfolg. Die Mitschüler fanden Gefallen an dem kleinen Zugereisten, vor allem an seiner Eloquenz und Schlagfertigkeit. Sie wählten ihn zum Klassensprecher und später in den Schülerrat.

Heinz Rühmann will zum Theater

Das ›Einjährige‹, auch ›mittlere Reife‹ genannt, bestand er mit glänzenden Noten, doch unmittelbar darauf ließen die schulischen Leistungen spürbar nach.

Mit besonderer Erwartung sah Heinz Rühmann der Abschlußfeier in seiner Schule entgegen, er gedachte dabei Regie zu führen. Doch seine Klassenkameraden ließen ihn dies nicht tun. Wohlgemerkt – ihn, den bewährten ersten Schulsprecher. Heinz Rühmann war sauer: »Dieses undankbare Volk«, wetterte er und faßte mit seiner Mutter den Entschluß: »Da bleiben wir weg, so was kann man doch mit mir nicht machen!«

Wie sich später zeigen sollte, mußten weitere zwanzig Jahre vergehen, bis er sich erstmals als Regisseur betätigen durfte. Das war 1938 in dem Film *Lauter Lügen*. Heinz Rühmann hat das dann noch mehrmals versucht und ist nicht selten zu der durchaus richtigen Erkenntnis gekommen: als Schauspieler bin ich besser!

Vorerst allerdings war bei dem jugendlichen Heinz die Frage akut: ein Schauspieler – wie, bitte, wird man das?

Zweimal wurde Heinz Rühmann in seiner Jugend höchst unabsichtlich auf den späteren Beruf hingewiesen.

Den ersten Anstoß gab der Vater, indem er seinen Sohn im zarten Alter auf einen Stuhl stellte und dort deklamieren ließ.

Der zweite Anstoß waren die häufigen Theaterbesuche, die vom Bruder Hermann verständnisvoll finanziert wurden. Viele der Dramen von Schiller, Goethe und Grillparzer lernte Heinz auswendig. Am liebsten stand er vor dem Spiegel und schnitt Grimassen, er fing unbewußt zu ›spielen‹ an.

Wo immer sich die Möglichkeit ergab, wollte Heinz Rühmann seine Neigung demonstrieren.

An einen dieser ›Auftritte‹ erinnert er sich noch ganz genau – er wurde später in dem Film *Die Feuerzangenbowle* wieder aufgegriffen: »Ich hatte diesen Lehrer während vieler Unterrichtsstunden studiert. Seine unwahrscheinlich komisch wirkenden Gesten, sein gravitätisches Schreiten zwischen den Bänken, sein akzentuiertes Sprechen, das sich beim Erläutern schwieriger mathematischer Formeln zum Pathos steigerte.«

Eines Tages wurde dieser Lehrer kurz nach Beginn des Unterrichts zum Direktor gerufen und beauftragte ausgerechnet Rühmann mit der Klassenaufsicht. Kaum hatte der Lehrer das Zimmer verlassen, begann Heinz Rühmann auch schon Haltung und Sprechweise des Lehrers nachzuahmen. Der Erfolg vom Katheder herunter war in vieler Hinsicht durchschlagend. Das Lachen und begeisterte Trampeln der Schüler steigerte sich bei jeder neuen Pointe. Der Lärm war so laut, daß niemand die Rückkehr des so erfolgreich parodierten Pädagogen bemerkte.

Während Rühmann mit dem Rücken zur Klasse langatmig und wortreich dozierte, wurde es ruckartig still. Schuldbewußt schlich Rühmann auf seinen Platz. Die lähmende Stille löste sich erst, als der Lehrer die Sache ruhig und halbwegs gelassen sah: »Wir fahren jetzt fort im Unterricht.«

Unter seinem unerschütterlichen Glauben an sein Schauspieltalent hatte vor allem seine Mutter zu leiden. Mit dem Textbuch in der Hand folgte er ihr durch die ganze Wohnung, und selbst wenn sie Strümpfe oder Hemden stopfte, gab er ihr keine Ruhe: Mindestens einmal am Tag war Schillers *Der Taucher* fällig.

Die Mutter hatte, wie Mütter eben Verständnis für die Ambitionen der Söhne haben, auch dafür ein Ohr. Sicherlich fühlte sie förmlich seine Theaterleidenschaft. Jedenfalls wies sie ihn eines Tages ganz nebenbei auf eine Anzeige hin, in der von einer Laienbühne neue Mitglieder gesucht wurden. Noch am selben Abend stellte sich Heinz Rühmann vor. Von den Mitgliedern des Vorstandes wurde er um eine Talentprobe gebeten. Wiederum wählte er den ergiebigen *Taucher*.

Nachdem die letzte Silbe im Saal verklungen war, folgte beifälliges Kopfnicken. Der Kandidat schien nicht ganz unbegabt zu sein. Wenig später hatte Rühmann Gelegenheit, in Raupachs Rührstück *Der Müller und sein Kind* erstmals die Bühne zu betreten. Er spielte den Sohn Konrad, der sterben mußte, und dessen Geist dann auf dem Friedhof zu erscheinen hatte. Da Kostüme fehlten, kam Heinz Rühmann im eigenen langen Nachtgewand zur Vorstellung.

Die Gratulationen wollten nachher kein Ende nehmen. Einen so temperamentvollen Geist hatte man schon lange nicht mehr erlebt. Dieser Erfolg machte ihn so stolz, daß er noch Tage danach mit Schminke im Gesicht herumlief. Und in dem Maß, wie ihn das Theater immer mehr anzog, schwand sein Interesse an der Schule.

Heinz Rühmann in ›Ein Walzer für Dich‹ (1934).

Kaum saß er in der Unterprima, faßte er auch schon den Entschluß, den Sprung zur Bühne zu wagen.

Eine Frau, in deren Kinderwagen Zwillinge lagen, ermöglichte ihm das. Diese Frau, von ihm diskret als ›Madame B.‹ bezeichnet, war dunkelhaarig, großäugig und vermutlich äußerst temperamentvoll. Sie gehörte zum Staatsopernballett.

Und natürlich war hier viel Zufall im Spiel. In einem kleinen Park, nahe der Münchner Wohnung Schlotthauerstraße Nummer 5, lernte der 18jährige Schüler Heinz Rühmann, der unbedingt Schauspieler werden wollte, Rollen und Szenen. So auch an diesem Tag: mit geschlossenen Augen, das Textbuch in der Linken, sprach er eine Szene aus *Die Räuber* und lief unversehens in einen Kinderwagen.

Artig entschuldigte er sich, bestaunte höflich die Babys und später auch die hübsche junge Mutter.

Kleine Ursachen – große Wirkung! Aus der zufälligen Begegnung mit dieser südländisch wirkenden jungen Frau aus der nächsten Nachbarschaft entwickelte sich eine Bekanntschaft, die für den weiteren Werdegang entscheidend sein sollte.

Denn nachdem er der Dame artige Komplimente gemacht hatte und mit hochrotem Kopf gegrüßt hatte, fragte er sie, die verwandte Seele, nach einem kräftigen innerlichen Anlauf: »Könnten Sie mich wohl mit Herrn Basil bekannt machen?«

Denn zuvor hatte das entflammte Frauenherz ganz beiläufig erwähnt, daß sie eine Menge Schauspieler von Berufs wegen kenne, unter anderem den berühmten Friedrich Basil, seines Zeichens bekannter Schauspieler und Oberregisseur vom Münchner Staatstheater.

Als sich die beiden am nächsten Tag trafen, sagte sie: »Ich habe mit Herrn Basil ausführlich über Sie gesprochen – er will Sie schon morgen empfangen. Ich habe ihm viel von Ihnen erzählt, wie sehr Sie begabt seien, auch weil ich es gerne möchte, weil . . .«

Die Dame konnte unvergleichlich süß stottern, aber jetzt wußte sie wirklich nicht mehr weiter. Das brauchte sie auch nicht, denn überwältigt von dieser Eröffnung, riß Rühmann stürmisch ihren Kopf zu sich herüber und gab ihr einen langen Kuß. Dann rannte der feurige Liebhaber schnurstracks zu sich nach Hause. »Mutter, stell dir vor«, stieß er atemlos hervor, »Basil will mich sehen und sprechen!«

Dieser Friedrich Basil war damals in München so etwas wie eine

In der musikalischen Verwechslungskomödie ›Der Himmel auf Erden‹ ist 1935 die Garde der damals beliebtesten Filmkomiker Deutschlands, wie Hans Moser, Theo Lingen, Rudolf Carl, Adele Sandrock und Hermann Thimig, vereint. Heinz Rühmann als junger Gutsherr.

theatralische Großmacht, Staatsschauspieler und bekannter Regisseur. Nur gelegentlich nahm er Schüler an, und das galt jedenfalls als große Auszeichnung.

Der große Basil empfing den kleinen Rühmann im Ballettsaal des Staatstheaters. Kurz musterte er seinen Besucher und sprach dann durchaus freundlich: »Nun zeigen Sie mal, junger Freund, was Sie können!«

Heinz Rühmann hielt sich damals – und noch lange danach – vom Typ und Aussehen her für den idealen jungen Helden und Liebhaber. Entsprechend war auch sein Vortrag, an den er sich noch später in jeder Einzelheit genau erinnern konnte: »Hemmungslos, flammend und doch ein kleines bißchen lächerlich.« Mit Vehemenz sprang er hinein ins volle Bühnenleben, deklamierte seinen geliebten Leon aus *Weh' dem, der lügt* und jede Menge Schiller.

Nach einer Weile winkte der große Basil gelassen ab. »Temperament ist ohne Zweifel vorhanden«, hörte Rühmann ihn sagen, »aber mehr sehe ich vorläufig nicht. Es tut mir leid, Ihnen sagen zu müssen, daß ich Sie nicht als Schüler zu mir nehmen kann – vielleicht später einmal, wenn Sie sich in Geduld üben und weiterhin so fleißig bemüht sind.« Rühmann hörte das alles wie aus weiter Ferne.

Es waren vernichtende Worte, eine große Enttäuschung, die erste Pleite. Zu Hause wurde der Reinfall mit scheinheiligen Ausreden vertuscht. Mutter und Bruder Hermann, der seit Monaten erfolgreich Landwirtschaft studierte, glaubten ebenso wie die jüngere Schwester Ilse, daß er es geschafft hatte.

Und er schaffte es tatsächlich – wenn auch nicht ganz aus eigener Kraft. Sein allererster Kuß trug plötzlich lockende Früchte. Die verliebte junge Frau brachte es fertig, daß Rühmann ein zweites Mal bei Basil vorsprechen durfte.

In dieser Zeit schrieb Karl Kraus *Die letzten Tage der Menschheit*, Picasso malte den *Sitzenden Pierrot* und Fritz Lang gestaltete den zweiteiligen Film *Die Spinnen*.

Während sich Rühmann sehr bemühte, Schauspieler zu werden,

Paraderolle für Heinz Rühmann: Schwejk in dem Film ›Der brave Soldat Schwejk‹, den Axel von Ambesser 1960 inszenierte.

ereigneten sich – 1919 – in Deutschland entscheidende Dinge: In Berlin wurden Rosa Luxemburg und Karl Liebknecht erschossen und in München die sogenannte Räteregierung beseitigt. Auch davon bemerkte Heinz Rühmann, außer ein paar aufmarschierenden Soldaten, fernen Schüssen und Rufen wie »Fensterladen zu!« nichts Besonderes. Hunger brauchte in der Rühmann-Familie niemand zu leiden. Mutter hatte mit Proviant vorgesorgt, und die Kinder brauchten tagelang nicht zur Schule zu gehen.

Der Rest ist schnell erzählt. Basil bestellte den kleinen Rühmann nochmals zu sich. Diesmal nahm ihm der große Mime die Aufregung, indem er sich zunächst nach seinen persönlichen Angelegenheiten erkundigte und allgemein übers Theater redete.

Dann kam das Vorsprechen. Es dauerte zwei Stunden. Immer wieder mußte er Dialoge wiederholen, anders betonen und neu begreifen. Wohl schwieg Basil nach Rühmanns Vortrag sehr vieldeutig, aber er ließ sich von Heinz zur Straßenbahn begleiten. Schweigend bestieg er den Waggon und schaute hoch vom Trittbrett her wohlwollend auf ihn herab. Es waren aufregende Sekunden, bis Basil die wohl schönsten Worte, die Rühmann damals vernehmen konnte, recht lapidar sagte: »Unser Unterricht beginnt am nächsten Freitag – bitte seien Sie pünktlich um fünf Uhr im Theater.«

Bis zu diesem ersehnten Freitag machte Heinz Rühmann seiner Mutter das Leben alles andere als leicht. »Mama, ich gehe von der Schule!« verkündete er in der Küche. Margarethe Rühmann mußte sich vor Schreck setzen und meinte erst nach einer ganzen Weile: »Hast du dir das auch gut überlegt, Junge? Und was wird aus dem Abitur?«

Das Abitur – das hätte er im nächsten Jahr machen können. Aber so lange wollte Rühmann nicht warten. Zwar versuchte es die Mutter noch mit Geduld, Vernunft und Argumenten wie »Du kannst keinen akademischen Beruf ergreifen, die Beamtenlaufbahn wird erschwert und, und . . .«.

Aber es half nichts. Vielleicht war es auch nicht richtig, dem feurigen jungen Helden mit der Beamtenlaufbahn zu kommen.

Wieder in einer Paraderolle: Heinz Rühmann als Berliner Droschkenkutscher Gustav Hartmann, der nicht daran denkt, dem Fortschritt Platz zu machen, in ›Der eiserne Gustav‹.

Denn jedenfalls verließ Heinz Rühmann von einem Tag auf den anderen die Schule, in die auch später sein Sohn Peter gehen sollte.

Friedrich Basil hatte also einen neuen Schüler. Es sollte sein berühmtester werden. Zumindest aus dem Bereich der Schauspielkunst. Denn der große Basil hatte, wie Bert Brecht später herausfand, noch einen ganz anderen Meisterschüler gehabt – einen gewissen Adolf Hitler. Dem hatte er beigebracht, wie man wirkungsvolle Gesten produziert und zumindest für die Galerie mitreißende theatralische Wortgebilde hervorstößt.

Viele Jahre später sollten dann diese beiden Meisterschüler einander begegnen, sich freundlich zulächeln und sogar zusammen fotografieren lassen – vermutlich ohne dabei zu ahnen, was ihnen wirklich gemeinsam war.

Die Lehrzeit bei Basil bedeutete zunächst heimliches Heulen und viel Zähneknirschen. Rühmanns Temperament wurde radikal gedrosselt, sein Glaube, ein Held und Liebhaber zu sein, systematisch unterhöhlt und schließlich auch das Schillersche Pathos traurig aber ersatzlos gestrichen.

Ob Friedrich Basil damals schon ahnte, welch kostbares Material er hier zu formen hatte? Heute ist man versucht zu sagen: Er ahnte es, ohne es zu wissen. Denn mit großer Geduld brachte er seinem Schüler das Sprechen und Spielen, die Beherrschung der Stimme und des Körpers bei. Und wenn Rühmann den *Faust*, den *Hamlet* oder den *Don Carlos* deklamieren wollte, dann pflegte Basil einzugreifen: »Nicht doch, mein Lieber, bleiben wir doch zunächst mal besser mit beiden Beinen auf der Erde!« An diese Zeit erinnert sich Heinz Rühmann auch sehr genau: »Ich habe ihm damals anfänglich sehr gegrollt. Später wußte ich, daß er mich vor einem gefährlichen Irrweg bewahrt hat.«

Bald geschah, was bei Rühmann noch häufig geschehen sollte: Er begann sein großes Vorbild teils unbewußt, teils bewußt, aber jedenfalls sehr gekonnt nachzuahmen. Der Musterschüler seines Meisters redete wie dieser, bewegte sich wie dieser, und wenn er erkältet war, hatte auch Heinz Rühmann eine krächzende Stimme. So hieß es prompt auch bald: »Dort gehen der kleine und der große Basil!« Und Heinz Rühmann hörte das nicht ungern.

Weder Basil noch sein Schüler achteten besonders darauf, was sich im Bereich der Filmgeschichte – einer möglichen Filmkunst ereignete. Asta Nielsen trat in Erscheinung, *Das siebente Buch Moses* wurde verfilmt. Fünf Jahre zuvor war bereits in Amerika ein

›Mein Freund Harvey‹ war 1970 die zweite große Fernsehproduktion des ZDF, in der Heinz Rühmann – hier im Bild mit Fritz Rémond – die Hauptrolle spielte.

allererster Höhepunkt gelungen: Griffiths *Birth of a Nation* (Geburt einer Nation). Ernst Lubitsch hatte schon 1918 seine *Carmen* gestartet. Während Rühmann nun verbissen bemüht war, bei Basil seine ureigene Aussagekraft zu finden, entstand 1920 *Danton, Das indische Grabmal* und schließlich *Das Kabinett des Dr. Caligari.*

München war Anfang der zwanziger Jahre schon eine sehr menschliche und merkwürdige Stadt, die an Unverwechselbarem nie arm war. Im damaligen Schwabing traf sich beim Mittagessen in der ›Osteria‹ in der Schellingstraße ein bunt gemischtes Völkchen: einige Schauspieler, ein gewisser Herr Hitler, mit Vornamen Adolf, aber auch seine Todfeinde, die Leute vom *Simplizissimus.* In derselben Straße war auch der *Völkische Beobachter*, und gleich gegenüber gab es eine kommunistische Buchhandlung. Täglich zu einer bestimmten Zeit ging damals auch der spätere Papst Pius XII., der damals noch Nuntius war, die Schellingstraße entlang.

Rühmann, der sich aus Politik nie etwas gemacht hat, interessierte dieses Szenarium kaum. Er galt ›als sehr begabter Schauspielschüler‹, und das genügte ihm für den Moment. Eines Tages – der große Basil hatte gerade den Tobias Rülp in *Was Ihr wollt* gespielt – drückte er seinem jungen Freund, vermutlich aus einer Laune heraus, die Rolle des Junkers Bleichenwang zum Studium in die Hand.

Man bedenke: eine komische Rolle! Noch nachträglich muß man vor dem Instinkt dieses Theatermannes den Hut ziehen.

Rühmann war entsetzt. Zwar waren die bisherigen fünf Monate Unterricht alles andere als ein Zuckerschlecken gewesen – aber das hier konnte doch nur ein Spaß, ein Irrtum sein. Daheim vor dem Spiegel stellte er fest: »So sieht kein strahlender Held aus!« Aber ein mehlwurmfader Junker Bleichenwang? Das war er denn doch auch nicht. Basil indes ließ nicht locker. Wie ein Rutengänger, der eine Quelle wittert, probte er mit Rühmann immer und immer wieder diese Rolle – bis er fündig wurde.

Eines Tages nämlich kam Richard Gorter, Theaterdirektor aus Breslau, der auf der Suche nach jungen Talenten war, zufällig zu einer dieser Proben und hörte den jungen Rühmann.

In sein Tagebuch kritzelte Rühmann damals: ›18. 3. 1920, 10.00 Uhr zu Direktor G. in die Privatwohnung bestellt, wo er mir ein Engagement anbot. Er hält mich für stark begabt und ist auch der fälschlichen Meinung, ich kopiere Schwannecke. Bei mir zwei

Fehler: Beinstellung nicht exakt und zu hörbar Atemholen.‹ Nach einigem Hin und Her wurden sich Friedrich Basil als Lehrer und Richard Gorter als Theaterdirektor einig. Während Basil versicherte, daß es sein Prinzip sei, jeden seiner Schüler mindestens zwei Jahre zu betreuen, versicherte Gorter, daß die praktische Bühnenerfahrung nachgerade ein Segen, ja ein Geschenk an das Talent sei.

Der Jahresvertrag sah achtzig Mark Monatsgage vor, aber auch: Garderobe, Frack, Smoking, Gehrock, Lackschuhe und, und, und . . . sind mitzubringen. Einfach alles, was ein junger Mann aus gutem Hause in diesen Zeiten zu besitzen pflegte.

Dies war auch der Grund, weshalb Mutter Margarethe bedächtig den Kopf wiegte, als Jüngling Heinz ihr um den Hals fiel und strahlend verkündete: »Wir haben es geschafft. Ich bin engagiert.«

Bei allem Überschwang des Sohnes blieb die Mutter auch da eine praktisch denkende Frau. »Was verdienst du denn«, fragte sie zurück.

»Achtzig Mark.«

»Viel ist das aber nicht.« Mehr sagte sie nicht, aber sie mobilisierte all ihre Reserven und dazu Freunde im Rheinland. Denn wie gesagt – auf Mutter war immer Verlaß! Alle anderen weiblichen Wesen in seinem Leben kamen später um einen Vergleich mit ihr nicht herum – was wohl zu heftigen Komplikationen geführt haben muß. Jedenfalls gelang es ihr, ihm einen weiteren monatlichen Zuschuß von achtzig Mark zu garantieren. Das waren immerhin 160 Mark, und davon ließ sich schon eher leben.

Zum Abschied ließ es Friedrich Basil an gutem Rat nicht fehlen: »Mein Freund, setzen Sie sich eine Frist von fünf Jahren. Wenn Sie dann nicht zu den arrivierten Schauspielern zählen, müssen Sie einen anderen Beruf ergreifen.«

Heinz Rühmann mußte bekanntlich nicht und schaffte es auch in der Hälfte der Zeit.

Der andere Basil-Schüler mit Vornamen Adolf brauchte dagegen etwas länger.

Die Vorbereitungen für Heinz Rühmanns erstes Engagement nach Breslau waren bereits abgeschlossen, die Fahrkarte besorgt, die Koffer gepackt, als es passierte: Eines Morgens stellte er nach dem Aufwachen fest, daß die linke Gesichtshälfte erstarrt und unbeweglich geworden war.

Heinz Rühmann suchte den Hausarzt der Familie auf, und als

der forderte: »Pfeifen Sie doch mal!« – ging auch das nicht.

Nach eingehender Untersuchung erklärte der Doktor mit höchst bedenklicher Miene, daß es sich hier um eine Lähmung des Fazialisnervs handele, einer Krankheit, die meist nur alte Herren befalle, wenn der Lebenswandel höchst lasterhaft gewesen wäre.

Doch bei diesem 18jährigen Patienten sei es gewissermaßen ein medizinisches Rätsel, und hier müsse sich die Natur selbst helfen.

Die Natur aber ließ sich wochenlang Zeit. Mit entstelltem Gesicht kam Heinz Rühmann 1920 in Breslau an, bedeckte seine gelähmte Gesichtshälfte mit einem Taschentuch und sprach bei Direktor Gorter mit mühsam aus dem rechten Mundwinkel hervorgepreßten Worten vor.

Der aber rang bei solchem Anblick bestürzt die Hände und machte deutlich: »So kann ich Sie doch meinem Publikum nicht zumuten, das läuft mir doch davon!« Und ein Kollege traf den Nagel auf den Kopf: »Mit diesem Gesicht kann der Junge überhaupt nicht spielen!«

Zutiefst entmutigt und deprimiert schlich Rühmann zur Witwe Barow, die ihm ein ungemütliches, nicht beheizbares Zimmer vermietet hatte.

Das konnte ja alles recht heiter werden . . .

Im deutschen Bühnenjahrbuch stand damals unter dem Stichwort Breslau und Gorter: ›Vereinigte Lobe- und Thalia-Theater – Lobe mit eintausendeinhundert Plätzen, Thalia sogar mit eintausenddreihundertfünfzig Plätzen‹. Dort also war er Mitglied und hatte sich bereits in seinen Personalausweis unter der Rubrik Beruf ›Schauspieler‹ eintragen lassen.

Es war das schönste Wort, das es für ihn gab.

Aber der Anfang in Breslau war zunächst überhaupt kein solcher. Da auch die Kollegen vom Theater nicht mit gutgemeintem Spott sparten, wurde aus dem fröhlichen Kerlchen rasch ein menschenscheuer junger Mann, der sich am liebsten in seine kalte, unbeheizte Bude verkroch, aus Geldmangel alte Brötchen knabberte und im Bett Rollen studierte – sofern ihm die Wohnungsinhaberin dazu ein wenig Zeit ließ. Die alte Dame hatte sich nämlich in den Kopf gesetzt, ihren Untermieter in die Geheimnisse des Spiritismus einzuweihen. Bis dann Heinz Rühmann tatsächlich eines Tages wirklich und wahrhaftig ein Gespenst zu sehen glaubte, als er morgens in den Spiegel schaute: die Lähmung war weg!

Heinz Rühmann 1959 als Oberbuchhalter Kringlein in der Wiederverfilmung des Bestsellers von Vicki Baum ›Menschen im Hotel‹.

Jetzt konnten die großen Rollen kommen!

Es kamen jedoch nur kleine. Bei denen Rühmann meist nicht mehr als ein, zwei Sätze zu sprechen hatte. So war seine erste Rolle auf der Bühne vor Publikum die eines blasierten jungen Mannes. Er hatte dabei im zweiten Akt aufzutreten und ein paar bedeutungslose Worte von sich zu geben. Der junge Rühmann fühlte sich dadurch verschmäht und reagierte auf seine Weise: Er tat alles, um die Aufmerksamkeit des Publikums auf sich zu lenken, wobei es ihm – sozusagen spielend – gelang, nicht nur den Direktor zu verstimmen, sondern sogar das Publikum gegen sich aufzubringen. So hatte er in *Lulu* jenen schweizerischen Menschen darzustellen, der diese fragwürdige Dame höchst genußfreudig aufsucht. Rühmann näherte sich Lulu mit rollenden Augen, triefenden Lippen und bebendem Körper und versuchte damit die Kollegen reihenweise an die Wand zu spielen. Auch begann er unvermittelt mit den Zuschauern zu schäkern und versuchte sich als Alleinunterhalter – der er damals ganz gewiß noch nicht war.

»Extrawürste werden bei uns für niemanden gebraten«, warnte Direktor Gorter, und ein Kritiker schrieb – später zählte er zu Rühmanns Gönnern: ›Herr Rühmann unterhielt wieder einmal die Galerie. Herr Spielleiter, legen Sie diesem jungen Mann stärkere Fesseln an!‹

Nach dieser öffentlichen Rüge wurden die Rollen noch kleiner und sollten bald ganz aufhören.

Auch die Rolle des erfolgreichen und zufriedenen Sohnes vermochte er in Breslau der Mutter, die ihn besuchte, nicht vorzuspielen. Als sie die mitgebrachten Dauerwürste auspackte und das ungemütliche Zimmer in Augenschein genommen hatte, mußte sie weinen. Offensichtlich hatte sie nicht geglaubt, ihren Sohn so hungrig und hoffnungslos anzutreffen.

Auch das Schauspieljahr endete kläglich. Kurz vor Jahresschluß wechselte die Direktion – ›Vater‹ Gorter ging, und Paul Barnay kam. Er übernahm das gesamte künstlerische Personal für die nächste Spielzeit mit einer einzigen Ausnahme: Rühmann. Den wollte er nicht haben.

Ein Telegramm riß Rühmann aber aus der Talsohle seines Daseins. Direktor Schindler vom Residenztheater in Hannover, höchst geschickt darin, Talente noch möglichst billig einzukaufen, hatte die Bewerbung um die Stellung eines jugendlichen Liebhabers angenommen. Mit dem letzten Notgroschen telegrafierte

Rühmann sein Jawort für die Saison 1922/23, Monatsgage 120 Mark. So kam er nach Hannover, wo er zwei Kollegen kennenlernte, die gleich ihm das Abenteuer wagten, die Bühne zu ihrer Welt zu machen: Rudolf Platte und Theodor Lingen (damals noch nicht Theo). Keiner der drei ahnte damals, daß sie später einmal für ein großes Theater- und Filmpublikum spielen würden, und daß man sie oft miteinander vergleichen würde. Obschon sie – bei aller scheinbaren Ähnlichkeit – ganz verschiedenartig waren.

Auch diese beiden wußten damals – ähnlich wie Rühmann – noch nicht, was sie wirklich konnten: Platte etwa hatte sich dem Hochdramatischen verschrieben – er spielte den alten Beethoven mit Löwenmähne. Lingen hingegen schien der geborene Salonmensch und Liebhaber zu sein. Er kannte viele modische Tricks und konnte sogar steppen.

Bei den Auftritten in Hannover blieb der geschäftige und gewiß auch geschäftstüchtige Schindler, der alle drei Wochen eine neue Inszenierung herausbrachte, das herrschende Element.

»Jeden Abend«, so ließ er seine Akteure wissen, »muß man sich neu bewähren.«

Das gelang denn auch dem jugendlichen Rühmann in ungewöhnlicher Weise. Er stand als jener jugendliche Liebhaber Leander, der in Grillparzers Tragödie *Des Meeres und der Liebe Wellen* den Hellespont durchschwamm, um zu seiner Geliebten zu gelangen, auf der Bühne. Hoch aufgereckt, sich seiner kleinen Gestalt nur allzu quälend bewußt, rezitierte er seinen großen Monolog. Da machte sich die Tücke des Objektes vehement bemerkbar. Der Pferdeschweif, der als Helmzier aufgeschraubt war, löste sich, und der stattliche Roßhaarbusch über seinem Kopf geriet in rotierende Bewegung. Das behinderte Heinz beim Sprechen, und er versuchte, den Pferdeschweif beharrlich, immer wenn er nach vorn kam und sein Gesicht bedeckte, mit der Hand beiseite zu schieben. Das bewirkte aber nur, daß durch den Schwung die Drehung wieder einsetzte.

Das Publikum begann zu lachen, und der Jungschauspieler fragte sich bestürzt: Was ist denn da nicht in Ordnung?

Nun hatte er diesbezüglich bei Lehrer Basil auch recht Nützliches gelernt. Immer wieder hatte ihm dieser eingetrichtert: »Achten Sie sorgfältig darauf, daß Ihre Toilette in Ordnung ist!« Was im Klartext schlicht hieß: Sorgen Sie dafür, daß Ihr Hosenschlitz stets geschlossen ist.

Diesen begann nunmehr der jugendliche Leander, während ihm der Pferdeschwanz immer wieder übers Gesicht wippte, zu befingern. Der Kampf mit dem Roßhaar, und das noch dazu alles auf offener Bühne – es wäre für jeden Clown ein garantierter Lacherfolg gewesen. Auch das Publikum in Hannover begann mitten in der Tragödie zu lachen und spendete herzlichen Abgangsapplaus.

Wenig später passierte ihm noch ein folgenschwerer ›Erfolg‹.

Beim Gastspiel einer bekannten Berliner Schauspielerin am Residenztheater mit dem Stück *La femme X* (›Die fremde Frau‹) von Bisson hatte er den Kellner Viktor zu spielen, der nur in einer Szene aufzutreten und ziemlich belanglose Sätze zu sprechen hatte.

Da aber Direktor Schindler von seinen Schauspielern verlangte, alles zu spielen, was es gab, mußte Rühmann auch diese winzige Rolle übernehmen – obwohl er sie als Zumutung empfand.

Die Worte von Direktor Schindler (›Eine Rolle ist immer nur das, was man aus ihr macht!‹) wurden zu seinem Leitgedanken.

Wenn schon, denn schon – er würde sich rächen. Also rauf auf die Bühne mit dem Kellner Viktor und den Text möglichst gelangweilt und völlig uninteressiert runtergeleiert. Sollten doch alle merken, was für eine miese Rolle man ihm da angedreht hatte!

Das Gegenteil trat ein. Diese unergiebige Rolle, die seiner Vorstellung nach nichts, aber auch gar nichts an schauspielerischer Leistung verlangte, dieser Kellner ›entlarvte‹ ihn. Er zeigte ihn von einer nicht vorhergesehenen Seite – nämlich von der komischen. Und so geschah es: Das Publikum hatte an der muffigen Type, die doch eigentlich nur seine Unzufriedenheit mit dieser ärgerlichen Rolle zum Ausdruck bringen sollte, die helle Freude.

Und es war nicht zu fassen: Da stand doch tatsächlich am nächsten Tag schwarz auf weiß im *Hannoverschen Courier*: »Die Gestaltung der Kellnerrolle durch Heinz Rühmann zeigt, daß er gestern abend sein Talent entdeckt zu haben scheint. Er hat nicht nur höchst eigenwilliges Profil gezeigt, sondern besitzt auch ganz offensichtlich eine starke komische Begabung.«

Rudolf Platte, mit Rühmann in dieser Zeit am Residenztheater engagiert, hat einmal treffend charakterisiert: »Damals herrschte Inflation, und zurückblickend kann ich nur sagen: Es wurde gelernt und gehungert. Denn in jeder Woche gab es mindestens eine Premiere, wenn nicht sogar zwei. Das bedeutete Rollenpauken, drei bis vier Proben pro Stück und abends spielen.«

Die Inflation beendete dann auch das glückliche Jahr in Hannover, weil das Theater als Privatunternehmen aus finanziellen Gründen seine Pforten schloß. Aus dem Musentempel wurde die Residenzgarage, das Ensemble zerstob in alle Winde.

Das veranlaßte einige wohlmeinende Kollegen, den jungen Rühmann zu frotzeln: »Das ist dein Werk. Du hast diesem Theater den Rest gegeben und es in Grund und Boden gespielt.«

Rühmann verschlug es nach Bremen, wo er für die Spielzeit 1923/24 an das dortige Schauspielhaus verpflichtet wurde.

Bevor er Hannover verließ, schrieb er seiner Mutter nach München ausführlich über die Ereignisse der letzten Wochen und Monate.

Den Antwortbrief rettete er über Jahrzehnte hinweg und bewahrte ihn sorgfältig auf. Da schrieb die Mutter, der einzige Mensch, dem er sich damals anvertrauen konnte und wollte, unter anderem: »Ich wünsche Dir viel Glück für Deine neue Stellung in Bremen. Ich würde Dich gern besuchen – aber diese Stadt liegt viel zu weit weg von München. Hast Du genug Wäsche? Wer sorgt für Dich? Achte auf Dein Äußeres, gehe auch regelmäßig zum Haarschneider und denke an Deine Gesundheit! Wenn Du etwas brauchst, dann mußt Du es mir schreiben. Uns geht es gut, was wir auch von Dir annehmen.«

An den Rand hatte sie noch geschrieben: »Es ist jetzt eine schlimme Zeit, es ist Inflation. Kommst Du zurecht? Sei sparsam. Hier in München ist es sehr unruhig. Mach's gut!«

Zwar hatte sich Rühmann vorgenommen, diese Saison als ausgereifter Schauspieler hinter sich zu bringen – aber er schaffte kaum die Hälfte davon.

Durch die Inflation hatte jede Gage schon wenige Tage nach Erhalt keinen Kaufwert mehr, ein Schnaps kostete Unsummen, ein Wurstbrot blieb utopischer Wunschtraum, und die Schauspieler litten Hunger und mußten mit knurrendem Magen auf die Bühne. Schließlich wurde sogar ein Teil der Gage in Kohlen und Kartoffeln ausgezahlt.

Da Rühmann die ganze Situation und auch die Rollen, die er zu spielen hatte, nicht zusagten, betrank er sich erstmals fürchterlich. Das sollte ihm dann noch öfters, im späteren Leben jedoch nur höchst selten passieren. Als er sich Tage nach dem ersten Prachtrausch wieder – sozusagen mit gutem Gewissen – betrank, weil er in der Abendvorstellung einen Volltrunkenen spielen sollte, lernte er aus seinen Fehlern: Daß man zum Beispiel stocknüchtern sein muß, um einen Betrunkenen überzeugend darstellen zu können.

Als er eine Nachmittagsvorstellung von *Wilhelm Tell* in der Rolle des Ulrich von Rudenz durch Überspringen mehrerer Textpassagen recht radikal verkürzte und die Kollegen völlig verwirrte, war das Maß voll: Auch sein Engagement war verkürzt, Rühmann war arbeitslos.

Sofort fuhr er heim zu Muttern. Dort hatte er ein Dach überm Kopf, ein anständiges Bett und ein warmes Essen – aber das Wichtigste hatte er nicht: eine Anstellung als Schauspieler.

Die Situation an den Theatern Deutschlands war damals – wie wohl heute auch noch – für einen Anfänger alles andere als rosig. Es zeigte sich, daß Rühmann in den letzten drei Jahren nichts gebracht hatte, was die Herren Intendanten, Regisseure und Dramaturgen hätte aufhorchen lassen. Viel mehr hatten sich seine Eskapaden auf der Bühne, sein Spiel für die Galerie in der Branche herumgesprochen. Niemand wollte ihn haben, eine Absage jagte die andere. Wochenlang lag er seiner Mutter auf der Tasche.

Nun ist ein Schauspieler ohne Theater wie ein Fisch ohne Wasser – er geht ein, wenn er seinem Lebenselement entrissen wird. Als er nach zahlreichen Bemühungen in Düsseldorf vorsprach und abgewiesen wurde, fand er in seiner Verwirrung die Tür nicht und ging aus Versehen in einen Schrank.

Trotzdem wurde er nicht engagiert.

Selbst die einzige Rolle, die ihm damals geboten wurde, vermasselte sich Rühmann gründlich. In Braunschweig sollte er als ›Gast auf Anstellung‹ in dem Lustspiel *Der Herr Senator* mitwirken. Zwei Stunden vor der geplanten Aufführung überredete ihn ein gleichfalls ›auf Anstellung‹ gastierender Kollege aus Berlin mit den Worten »Wir Schauspieler aus den Weltstädten des Theaters, verschlagen in die Provinz, werden es denen hier schon zeigen!«, noch rasch einen Kleinen zu heben.

Doch bei dem einen blieb es nicht. Und der Alkohol auf leeren Magen zeigte seine Wirkung.

Rühmann ging mit einem kräftigen Schwips auf die Bühne und war damit ›ganz und gar nicht mehr zu halten‹. Er spielte sich hemmungslos in den Vordergrund, bis ganz nach vorn an die Rampe. Der Schwips verführte ihn zu Improvisationen, brachte seine Kollegen aus dem Konzept, wurde aber vom Publikum bereitwilligst aufgenommen.

Durch den Alkohol beflügelt, ritt Rühmann das Teufelchen: Er wandte sich – wie schon in Breslau – herumalbernd direkt ans Parkett und sagte etwa folgendes: »Wenn ich mir mal eine Frage erlauben darf – wie . . . wie . . . finden Sie die Sache denn, die wir hier spielen? Ich kann nur sagen . . . kann wirklich nur sagen . . . ich finde das alles sehr . . . sehr komisch!«

Das fanden die anderen in den Kulissen auch. Tags darauf erklärte der Direktor in Braunschweig mit feierlichem Begräbnisgesicht: »Ich denke, Sie sind wohl nicht der richtige für mein Haus.«

Rühmann war wieder gefeuert. So siegessicher er in Braunschweig angekommen war, so klein und still schlich er wieder nach München zurück.

Aber dieses Fiasko zu Braunschweig hatte ihn zur Vernunft gebracht. Niemals mehr trank er auch nur einen einzigen Tropfen Alkohol vor einer Aufführung.

Die wilden Jahre

Doch auf Regen folgt Sonne. Die kleine Schwester Ilse verschaffte ihm ein Gespräch mit Otto Kustermann, einem verdienstvollen und anerkannten Theatermann, damals Intendant der Bayerischen Landesbühne. Rühmann wurde engagiert, und Otto Kustermann wurde für ihn eine immer wieder ersehnte Vaterfigur. Kustermann setzte seine Schauspielertrupps wie ein Stratege ein. Er exerzierte sie in München und zog dann mit der Wanderbühne von Kleinstadt zu Kleinstadt, von Dorfgasthaus zu Dorfgasthaus. Die begeisterten Bauern waren nicht kleinlich: Die Schauspieler bekamen nicht nur Beifall, sondern auch Würste und Schinken, was in jener Notzeit hochwillkommen war.

Otto Kustermann wurde zur treibenden Kraft dieser Wanderbühne, dieser ›Schmiere‹, die oft von Misthaufengerüchen in provisorisch hergerichteten Wirtshaussälen umweht wurde.

Rühmann, der zuvor so hoch hinaus wollte und nun wieder mal ganz klein anfangen mußte, störte das nicht. Hauptsache für ihn war, er durfte wieder mitmachen, durfte wieder dabei sein. Oft nannte er diese Zeit »als enorm wichtig, weil ich aufgewacht war und mir selber sehr kritische Noten für mein Spiel gab. Dazu kam noch: Ich wußte, wo ich hingehörte«.

So hatte das Herumzigeunern für Heinz Rühmann eine ganz besondere Bedeutung – und sollte noch eine andere bekommen.

Dieser herumziehenden Landesbühne gehörte auch die Schauspielerin Maria Herbot an. In Wirklichkeit hieß sie Maria Bernheim und kam aus einer angesehenen Münchner Familie. Ihr Vater war Justizrat. Maria Bernheim war eine Frau von großer Klugheit und Anziehungskraft. Sie war einige Jahre älter als Heinz Rühmann und überragte ihn um Haupteslänge – wozu nicht sehr viel gehörte.

Nun war – und ist auch später – Heinz Rühmann im wirklichen Leben nie ein stürmischer Liebhaber gewesen. Er war nie der Typ, der von sich sagen durfte ›Ich brech' die Herzen der stolzesten Frau'n‹, wie es in einem Chanson heißt, das er später oft sang.

Maria jedenfalls schien pädagogische Ambitionen besessen zu haben. Die Frau eines begnadeten Schauspielers zu sein, den sie frühzeitig für ein Genie hielt, wollte ihr als verlockende und lohnende Lebensaufgabe erscheinen. »Sie ist ein kluges Kind«, sagte der unvergessene Adolf Wohlbrück einmal, »vielleicht zu gescheit für eine Schauspielerin, denn ihr Geist steht ihr im Wege.«

Mit ihr probte Heinz Rühmann seine Rollen, sie gab ihm ständig wertvolle Anregungen, und einige Jahre später erfüllten sich Wohlbrücks Worte: Sie verließ die Bühne, um nur noch als Privatregisseurin ihres Mannes tätig zu sein.

Obwohl Maria Bernheim Verehrer genug hatte, fiel ihre Wahl auf Heinz Rühmann. Am 9. August 1924 schlossen beide auf dem Standesamt München I den Bund fürs Leben. Rühmann war ganze zweiundzwanzig Jahre jung.

Schon sehr bald sollte Rühmann ganz offen bekennen: »Wahrlich nicht wenig von dem, was ich erreicht habe, verdanke ich meiner Frau.«

In den Beginn dieser jungen Ehe fielen auch Rühmanns erste Kontakte zum Münchner Schauspielhaus in der Maximilianstraße, das von der berühmten Hermine Körner geleitet wurde.

Mitglied dieses Hauses – das damals ein Privatunternehmen mit 727 Sitzplätzen war – zu sein, war die Erfüllung eines Wunschtraumes. Die erste Rolle war dort 1925 für ihn der Schüler Spartakus in der Komödie *Traumulus* von Arno Holz, dessen *Freß-, Sauf- und Venuslieder* einem breiteren Publikum bekannt sind. Der Start glückte, doch die nächste Rolle war wieder nicht das richtige.

Der kleine Rühmann sollte ernsthaft einen furchterregenden Henker mit Richtschwert darstellen. Da aber das Schwert, mit dem Rühmann auf der Generalprobe theatralisch herumfuchtelte, fast doppelt so lang war wie er, durfte er von Stund' an bei Hermine Körner als jugendlicher Komiker in ernsten und heiteren Stücken auftreten. Seine allererste Begegnung mit dem Film aber war ebenso grotesk wie kurios – ein tonloses Monstrum von entsetzlicher Aufdringlichkeit. Denn urplötzlich streckte erstmals der Film seine Fühler nach Rühmann aus und bot für zehn Drehtage 500 Mark.

500 Mark! Ein Vermögen! Auf dem Heimweg ließ er sich das Angebot des Agenten der Filmfirma ›Emelka‹ durch den Kopf gehen. »Ich zählte meine Schritte, und jedesmal wenn 500 voll waren, flüsterte ich die geheimnisvolle Zahl vor mich hin. Was würde ich da Maria schenken?« erinnert sich Rühmann an sein erstes Filmengagement.

Erste Filmrolle in ›Das deutsche Mutterherz‹ (1926). Ellen Kürti und Heinz Rühmann.

Als Rühmann nun Hermine Körner, der künstlerischen Direktorin des Münchner Schauspielhauses, seine Absichten vortrug, gab sie zu bedenken: »Haben Sie Film gesagt, junger Mann? Ich denke, Sie sind Künstler? Was hat man da beim Film zu suchen?«

Damals steckte der Film noch in den Kinderschuhen, war aber bei den ›wirklichen Künstlern‹ als ›Kintopp‹ etwas Zweitrangiges.

Erst das Argument »Aber bitte bedenken Sie doch . . . fünfhundert Mark sind eine Menge Geld, die ich gut gebrauchen kann . . .« überzeugten Hermine Körner.

Und Rühmann brauchte das Geld. Er befand sich damit in bester Gesellschaft. Paul Wegener hatte einmal gesagt: »Wenn es nicht anders geht, dann den Hintern zusammenkneifen und den Blick starr auf das Honorar richten!« Emil Jannings meinte auch: »Pinkos, der Waldspecht muß jubilieren.« Und als Günther Lüders gefragt wurde, weshalb er in einer billigen Klamotte mitspiele, kam die Antwort prompt: »Ich brauche für mein Grundstück dringend einen neuen Zaun, und der wird noch stehen, wenn meine Darbietung in diesem Stück schon längst vergessen ist.«

Rühmann machte den Film, lernte den Regisseur Geza von Bolvary, Hilde Krahl und Paul Hörbiger kennen, mit denen er später noch manchen guten und erfolgreichen Film machen sollte.

Der Film hieß *Das deutsche Mutterherz* und sollte die Leute zum Weinen bringen – was auch in vielfacher Hinsicht gelang.

Arglos spielte Rühmann darin das Miststück von einem Sohn, der selbst davor nicht zurückschreckte, seine Mutter mit einem Gummiknüppel zu traktieren.

Als Rühmanns Mutter dieses Scheusal von Sohn, dargestellt von ihrem Heinz, im Kino sah, ging die Rechnung des Produzenten zumindest in diesem Falle voll auf. Weinend verließ sie das Kino, war völlig verzweifelt, wozu sich ihr Junge hier hergegeben hatte.

Die Filmgage und die lehr- und erlebnisreichen Jahre bei Hermine Körner brachten Heinz Rühmann die Erfüllung eines Jugendtraumes: Er erwarb sein erstes Motorrad und raste damit durch die Gegend. Zu jeder Probe, zu jeder Vorstellung kam er angeknattert, was die Kollegen zu dem Ruf veranlaßte: »Vorsicht, der rasende Komödiant kommt!«

Als solcher begann ihm auch die Kassiererin der Münchner Kammerspiele liebevolle Blicke zu schenken. Denn dieser Heinz Rühmann brachte nicht nur volle Häuser, sondern ließ sich auch noch auf Künstlerpostkarten gut verkaufen. Und so etwas hatte es in den Münchner Kammerspielen bislang noch nicht gegeben.

Mittlerweile hatte – ohne Rühmanns Wissen – Kurt Horwitz, der bereits damals ein bekannter Schauspieler war, die Weichen für seine Zukunft gestellt. Er erinnerte sich daran: »Ich sah Rühmann bei einem Gastspiel von Käthe Dorsch. Nicht, daß er die Dorsch überspielte. Aber er hielt ihr in einer Weise stand, die mich geradezu frappierte. Und er kam beim Publikum an.«

Horwitz machte daraufhin Otto Falckenberg auf seine Entdeckung aufmerksam. Der Intendant der Münchner Kammerspiele in der Augustenstraße (525 Sitzplätze) engagierte Rühmann. Es war zwar ein wenig repräsentatives Haus, aber Falckenberg war Weltklasse, und bei seinen Premieren begann sich die kritische Elite Europas zu versammeln.

»Und bald«, so ergänzte Horwitz, »war dieser kleine, so gar nichts aus sich machende Mensch ein Liebling des Publikums.«

Denn Falckenberg machte Rühmann – entgegen seinem Streben nach ernsten Rollen – zum Spaßmacher, zum Clown und damit zum Kassenmagneten. Als er im *Mustergatten* auftrat, beauftragte er einen jungen Kollegen, die ›großen Lacher‹ mitzuzählen. Das Ergebnis bestärkte das Selbstgefühl des frischgebackenen Stars enorm: 350mal an einem einzigen Abend strapazierte das Rühmann-Publikum sein Zwerchfell.

Was also lag näher, als sich nun ganz und gar wie der Clown des Ensembles zu benehmen – wenn auch seine Frau Maria ihn mehrfach wohlmeinend gewarnt hatte:»Du mußt dir noch gewisse Unarten abgewöhnen.«

Er erfand Abend für Abend neue Gags, flocht Solodarbietungen mit Bekannten, die er im Parkett erblickt hatte, ein und brachte es fertig, daß die Aufführungen länger und länger wurden.

Die Katze läßt eben das Mausen nicht – der Erfolg im *Mustergatten* ermunterte Rühmann zum Teil zu recht bedenklichen Eskapaden und einigen Geschmacklosigkeiten zum Gaudium für die Galerie. So hatte etwa eine Partnerin, Zigarrenrauch schnuppernd, auszurufen:»Hier riecht es!« Worauf Rühmann wissen wollte:»Waren Sie das etwa?« Was ihm Lacher und Zurufe wie »Noch mal so'n Ding!« einbrachte, aber auch kräftiges Kontra von den Kollegen, die erklärten:»Mit einem, der sich derartige Schweinereien leistet, spielen wir nicht!«

Als Falckenberg *Charleys Tante* mit Rühmann inszenierte, hatte er den zweiten großen Erfolg. Hielt er sich bei der mit stürmischem Beifall aufgenommenen Premiere noch einigermaßen im Rahmen der Inszenierung, so verlängerte er die folgenden Aufführungen durch eigenwillige Einlagen. Applaus auf offener Szene ließ ihn nur noch übermütiger werden, seine Albernheiten nur noch steigern.

Selbst seine Frau Maria, die kritische, lachte, und auch der hohe Kammerspiel-Hausherr – selbst bei den geglücktesten großen Abenden gelassen – lächelte zustimmend, als er zu einer Aufführung den heißgeliebten Rauhhaardackel mitbrachte. Der ›Zamperl-Effekt‹ (Münchner sind Hundefreunde) wurde noch verstärkt, als er ihn durch ein Fenster springen ließ, selbst hinterher hüpfte, und der Dackel anschließend erneut auf der Bühne seine komische Rolle absolvierte. Als er sich anschließend noch am Souffleurkasten ›verewigte‹, war das ein brüllender Lacher mehr.

In Deutschland war nach dem Tod von Friedrich Ebert Hindenburg Reichspräsident geworden. In Locarno fand die Konferenz mit Stresemann statt, und Adolf Hitlers *Mein Kampf* erschien. George Bernard Shaw erhielt den Nobelpreis für Literatur, Kafka und Rudolph Valentino, der große internationale Star des Films, starben. Fritz Lang drehte *Metropolis*[1], Murnau den *Faust* und Sergej Eisenstein *Panzerkreuzer Potemkin*.

Zu dieser Zeit träumte Rühmann – trotz seines Erfolges als Komiker – davon, ernste Klassikerrollen zu spielen.

Mittlerweile war er siebenundzwanzig Jahre alt, dachte hin und wieder an Berlin und fuhr einen grünen dreirädrigen Diavolo ohne Rückwärtsgang – so eine Art Badewanne auf Rädern.

»Mit seinem Auto war er unglaublich penibel«, erzählte Therese Giehse in Kollegenkreisen, »ständig putzte er an dem Ding herum, und wir glaubten sogar, er würde es vor jeder Fahrt mindestens einmal ganz auseinandernehmen.«

Später wuchs mit den Gagen auch der Hubraum von Rühmanns Autos. Der Fuhrpark war mitunter recht luxuriös: ein englischer MG-Sport, dann der berühmte BMW 385 mit Speichenrädern und Hydraulik, die man hochpumpen konnte, bis er auf vier Stelzen frei in der Luft stand. Der letzte Wagen des Schauspielers vor Kriegsende war ein Wanderer mit Holzgasofen am Heck.

Ebenso wie ihn die Technik faszinierte, zog ihn Berlin immer mehr an.

Der Sprung glückte – nach mehreren zähen Anläufen. Das Stück, mit dem Heinz Rühmann in Berlin bei Max Reinhardt Premiere hatte, hieß *Lockvögel*, und Rühmann stand mit Hans Brausewetter, dem erklärten Liebling der Berliner, und Mathias Wieman auf der Bühne. Vielversprechend wie der Auftakt war auch Rühmanns Gage: pro Tag achtzig Mark. Das war genau jene Summe, die er damals als Anfänger in Breslau pro Monat erhalten hatte.

Nun also hatte ihn Berlin – aber doch auch nicht wieder ganz. Denn die Münchner Kammerspiele hatten ihm Vorschüsse gezahlt, und die mußten abgearbeitet werden.

Deshalb geschah es, daß er in den nächsten Jahren zwischen Berlin und München hin und her pendelte. Berlin jedoch zog ihn mehr und mehr in seinen Bann. Am meisten aber beeindruckte ihn Heinz Hilpert, dieser leidenschaftlich-vitale und humorige Thea-

(1) 1925/26

termann, der mit Vorliebe dicke Zigarren rauchte – so wie der kleine Rühmann. Außerdem trank dieser Hilpert gern Berliner Weiße mit Sekt – was Rühmann alsbald ebenfalls tun sollte. Er fühlte sich geschmeichelt, als Hilpert ihm das Du anbot, meinte jedoch dann einmal rückblickend: »Möglicherweise machte er das nur, damit er unmißverständlich deutlich werden konnte.« Denn Halbheiten oder Schludereien duldete der Mann, dessen Wahlspruch ›Alles dem Theater‹ war, nicht.

Hilpert war es auch, der Heinz Rühmann dann in Berlin wirksam in den Vordergrund schob – unter anderem bei *Lumpazivagabundus* von Johann Nestroy –, wobei es hier eigentlich genauer ›nach Nestroy‹ heißen müßte. Denn Heinz Hilpert höchstpersönlich hatte das Urwienerische dieser Posse ins handfeste Berlinerische transponiert.

Wobei die Darstellkunst von Heinz Rühmann damals den großen, einflußreichen und darob auch gefürchteten Kritiker Alfred Kerr nach der Premiere zu dem lakonischen Vermerk veranlaßte: »Schon wieder ein Heinz« – was auf Hilpert gemünzt war und noch dazu in Klammern gesetzt war.

Dazu muß man wissen: Eine positive oder negative Beurteilung von Kerr oder dem ebenfalls maßgebenden Kritiker Herbert Ihering konnte buchstäblich über ›Leben oder Tod‹ eines Schauspielers entscheiden. Sie waren im wahrsten Sinne Scharfrichter des Wortes. Denn das Urteil, das sie über den Neuling Heinz Rühmann fällen würden, konnte ihm nicht gleichgültig sein. Mit einer lobenden Note, die so gut wie bares Geld war, konnte man sich beruhigt schlafen legen. Deshalb warteten alle Schauspieler, ob groß oder klein, arriviert oder unbekannt, immer voller Ungeduld auf die Nachtkritiken, die wenige Stunden nach einer Premiere in den Berliner Zeitungen erschienen.

Diese Kritik des mächtigen Alfred Kerr veranlaßte Rühmann, seinen Du-Freund Hilpert zu fragen: »Soll ich heute abend genauso spielen wie gestern?«

Worauf der nach kurzem bedeutungsvollen Schweigen knapp erklärte: »Meine Regie ist die eine Sache, was in der Presse steht, die andere. Und merk dir: Für Schauspieler ist der Regisseur zuständig, nicht der Kritiker.«

Dennoch hielt Herbert Ihering in den ersten Kritiken, die er über Rühmann schrieb, bereits etwas vom Typischen, aber auch von der Gefährdung dieses Typs fest. So stand am 30. 5. 1927 in einer Berliner Zeitung: »Einen frechen Provinzknirps mit Pariser Tick spielte Heinz Rühmann . . . bestimmt ohne Zufallskomik. Jeder Satz, jede Pause, jede Bewegung saß. Eine köstliche Präzisionsleistung. Nur hat man manchmal für Sekunden das Gefühl, daß die Provinzjungen, die er darstellt, noch Reste von Provinzroutine abzustreifen haben.«

Diese kleine Bemerkung läßt klar erkennen, daß Rühmann damals noch eine Menge zu lernen hatte. Er lernte zwar schnell – manchmal schnappte er auch nur auf, was er für richtig oder geradewegs für wirksam hielt. Denn im Grunde seines Wesens war und ist er alles andere als ein berechnender Komödiant, kein Spaßmacher, kein Humorist, wie sich das Publikum ihn gemeinhin vorstellt – wenn auch mancher seiner Filme diesen Eindruck erweckte.

Wie sagte doch der römische Philosoph und Dichter Seneca treffend: ›Wahre Heiterkeit ist eine ernste Sache.‹ Aber es ist wohl das Los aller Komiker, daß sie vom Gelächter belauert werden, auch da, wo Gelächter eigentlich verstummen müßte.

Vorerst allerdings reagierte Heinz Rühmann doch immer wieder sehr spaßvogelhaft, dort wo man ihn als Spaßvogel sehen wollte. Also etwa hinter den Kulissen, unter handfesten Männern, zu denen er sich als ›Kleiner‹ mächtig hingezogen fühlte, gab er sich dagegen männlich.

Heute allerdings – und das ist logisch – will er nur noch Heinz Rühmann selbst sein. Einfach der Rühmann, wie die Welt ihn zu kennen wünscht, so wie ihn zwei Generationen in ihr Herz geschlossen haben: stets verständnisvoll lächelnd, von leiser, geradezu geduldiger Überlegenheit und mit der Souveränität des kleinen Mannes, der schon vieles, wenn nicht alles durchlitten hat. Kurz, ein Menschendarsteller mit vielfältigen Nuancen.

Während Rühmann wechselweise in München und Berlin spielte, stieg sein Kurswert ständig. Das geht aus einem ›Arrangement für den Schlußbeifall‹ zu den *Lustigen Weibern von Windsor* aus dem Jahre 1928/29 hervor. Dies war so eine Art Rangordnung innerhalb eines Theaterstückes beim Schlußapplaus, den die Direktion bestimmte. Darin hieß es damals: ›Der abschließende Beifall wird gemeinsam von Frau Wüst und den Herren Krauss und Rühmann entgegengenommen.‹

Doch bei diesem Werner Krauss mußte man immer auf außerordentliche Einlagen gefaßt sein. In Kollegenkreisen war er bekannt, daß er in der Dekoration gelegentlich Hüte annagelte, Schreibgeräte mit Leim beschmierte, Fliegen für Weingläser sammelte, Stühle ansägte und Requisiten ganz einfach versteckte.

Auch Rühmann blieb von diesem einfallsreichen Spaßmacher, der einem guten Tropfen nicht abgeneigt war, nicht verschont. So etwa tauchte Krauss einmal völlig unprogrammgemäß in einer Szene auf, in die er gar nicht hineingehörte, und donnerte Rühmann an:»He, da! Junker Schmächtig, auf ein Wort! Sag' er mir, wo geht es hier zur nächsten Schenke?«

Rühmann muß einige Mühe gehabt haben, nicht aus seiner Rolle zu fallen, aber er reagierte schnell – mit übertriebener Gestik wies er ihm den Weg zurück in die Kulissen und drückte ihm demonstrativ ein Geldstück als Wegzehrung in die Hand.

Weiterhin stand Heinz Rühmann nicht nur in München auf der Bühne, sondern auch in Berlin. In der Shaw-Komödie *Eltern und Kinder* spielte er 1928 neben Marlene Dietrich und Paul Hörbiger. Und an Marlene, der späteren ›kessen Lola‹, hatte er seine ungetrübte Freude. Die ›blonde Venus‹ beherrschte genauestens ihre Stichworte und ihren Text, denn um ihn zu behalten, hatte sie ihre Rolle mehrfach abgeschrieben. Eine Lernmethode, die sie ein Leben lang beibehielt.

Die Premiere neben Marlene Dietrich blieb ihm sein Leben lang unvergeßlich – allerdings aus einem traurigen Grund: Am gleichen Morgen bekam er ein Telegramm seiner Schwester Ilse aus München. Inhalt: ›Mutter gestorben. Komm sofort!‹ Verzweifelt versuchte er von seiner Vorstellung loszukommen. Aber alle Bemühungen, Ersatz für ihn zu finden, schlugen fehl. Die Zeit war auch zu knapp, um ein anderes Stück aus der Repertoirekiste zu holen. Heinz Rühmann hatte seine Mutter über alles geliebt. Sie hatte alles für ihn getan, er alles für sie; dennoch mußte er vor das Publikum, das bezahlt dafür hatte, zu lachen und zu schmunzeln oder zumindest in jedem Fall gut unterhalten zu werden.

Rühmann spielte an diesem Abend gewissermaßen als letzten Dank für all das, was ihm seine geliebte Mutter Gutes getan hatte. Und einen solchen Rühmann hatte das Berliner Publikum noch nicht erlebt: Er spielte seine komische Rolle verhalten, leise abwesend, nach innen gekehrt. Als Kind hatte er oft einsam geweint, als die Ehe seiner Eltern scheiterte, als dann sein Vater aus dem Leben schied. Jetzt, nach dem Tod seiner Mutter Margarethe stand er mitten im Rampenlicht, fühlte förmlich, wie die

Blicke auf ihn gerichtet waren. Und er spielte seine Rolle mit einer bisher unbekannten Intensität, fand mit der Macht der leisen Töne eine ganz neue Dimension für seinen Part.

Auf offener Szene erhielt er lang andauernden Applaus.

In diesen Theaterjahren stand Heinz Rühmann mit vielen großen Schauspielern auf der Bühne. Eine weithin als originell bekannte Erscheinung dieser Zeit war auch Adele Sandrock. Als sie Rühmann zum erstenmal rauchend erblickte, zog sie verwundert ihre Augenbrauen hoch und sagte dann tadelnd: »Junger Mann, Sie rauchen Zigarren? Bei dieser Figur!«

Was zur Folge hatte, daß Heinz in ihrer Gegenwart nicht mehr rauchte. Was sie vermutlich als Zartgefühl auslegte, aber gewiß mehr eine Vorsichtsmaßnahme gewesen ist. Denn so gnädig sich die Sandrock manchmal gab – es war bekannt, daß die ›gute alte, würdige Adele‹ ein recht resolutes und tyrannisches Frauenzimmer sein konnte.

Nach dem Rüffel wegen des Rauchens sann Rühmann, den sie ›Bübele aus Bayern‹ nannte, auf einen passenden Gegenschlag. Mit Kollegen wettete er um einige Flaschen Sekt, daß er der gefürchteten Dame während einer Generalprobe das Kinn kraulen würde. In den Kulissen versammelten sich zahlreiche Neugierige, die einhellig bezweifelten, daß Rühmann es wagen würde, sich der Sandrock unziemlich zu nähern.

Aber der Kleine hielt Wort. Er ging auf die Adele zu, die dekorativ und würdig auf der Bühne stand. Bei ihr angekommen, sprach er zuerst seine Sätze und fiel dann aus der Rolle – er streckte seine Hand aus und kraulte ihr ungeniert das Kinn.

Adele funkelte mächtig und schlug mit dem Fächer auf die vorwitzige Hand. Rühmann verschwand eilig in den Kulissen, weil er allen Grund hatte, ein tobendes Unwetter zu fürchten. Denn die Sandrock war auch dafür bekannt, daß sie brüllen konnte wie ein halbes Dutzend Feldwebel in Hochform.

In der Garderobe rauschte sie majestätisch auf ihn zu, stellte sich schnaufend in Positur und – gab ihm einen herzhaften Kuß: »Das war ein großartiger Einfall, junger Mann, das machen wir am Abend der Premiere genauso!«

Das waren so seine Einfälle, und kaum jemand blieb davon verschont. Auch seine Frau Maria nicht.

Als sie in Zuckmayers *Fröhlicher Weinberg* die Annemarie Most, die Tochter eines Rheinschiffers, spielte, stach Heinz Rühmann der Hafer. Während sie in einer nächtlichen Gartenszene gar heftig vom Weingutsbesitzer Gunderloch mit den Worten ›Keiner guckt zu, komm doch ins Gärtchen‹ bedrängt wurde, passierte es:

Heinz Rühmann hatte als Weinreisender Hahnensand in diesem Augenblick so gar nichts auf der Bühne verloren, trotzdem erschien er aus den Kulissen – vielleicht war auch eine Spur eingebildeter Eifersucht dabei – zog seinen Hut und sprach: »Doch, doch – ich gucke sehr genau zu, was ihr beide hier so treibt . . .«

In dieser Zeit war das Leben für Rühmann schön und die Wünsche groß. Er war der Technik mit Haut und Haaren verfallen – er selbst nannte es mal ›manische Technik-Besessenheit‹.

Und sich über die anderen erheben, das wollte der Kleine schon immer. So kann es kaum ein Zufall gewesen sein, daß Rühmann beim Betrachten eines Autosalons in München, der mit fantastischen, chromblitzenden Geräten vollgestellt war, die jedem Benzinnarren schlaflose Nächte bereiten mußten, das Modell eines Flugzeuges mit einem kleinen Schild entdeckte: ›Treten Sie ein in den Münchner Leichtflugzeugclub – hier können Sie Fliegen lernen.‹

Es muß so ein unstillbarer Trieb aus dem Unterbewußten gewesen sein, der ihm hier wie die Erfüllung eines Jugendtraumes erschien. Spontan trat er in den Salon ein, fragte nach dem Wie, Wann und Wo, und saß tatsächlich wenige Tage später nach vielerlei Formalitäten in einer offenen ›Klemm‹.

Doch vorerst war der Jugendtraum, sich in einer märchenhaften blauen Unendlichkeit zu verlieren, dem Losgelöstsein von der Erde, erhoben sein in eine Atmosphäre, in der man sich frei fühlt, noch sehr weit entfernt.

Die Lehrwochen waren hart. Ein schneidender Ostwind fuhr ihm ins Gesicht – der Januar 1930 war besonders kalt. Vormittags nahm er bei Ritter Eduard von Schleich, der als hochdekorierter Kriegsheld und schneidiger Kampfflieger bekannt war, Unterrichtsstunden. Abends stand er auf der Bühne der Münchner Kammerspiele.

Bald schon erkannte Rühmann, daß richtiges Fliegen eine ernste Sache ist – kein Gesellschaftsspiel, kein Freizeitvergnügen für gelangweilte Snobs. Oft hielt er sich die Worte eines gewissen Fluglehrer Eilers aus Bremen, einem Altmeister der Fliegerei und einem verdienten Jagdflieger des Ersten Weltkrieges, vor Augen.

Dieser hatte einmal einem jungen Flugschüler, ›der die Hosen gerade zum erstenmal voll spürte‹, auf die bange Frage: »Was passiert, wenn ich ein schlechter Pilot werde?«, lakonisch entgegnet: »Schlechte Piloten gibt es nicht – die sind alle tot!«

Nach harten Lehrwochen kam die Schlußprüfung, und Heinz Rühmann konnte den mit Hangen und Bangen heiß ersehnten ersten Flugschein behutsam wie ein rohes Ei in die Tasche stecken.

Nun war er Flieger, war Pilot, mußte aber noch viel, sehr viel lernen. Ältere Kameraden der Lüfte wußten augenzwinkernd zu berichten, daß er so einige fliegerische Eskapaden geliefert hätte. So sei er in Sachsen mitten auf den Feldern gelandet, habe eine italienische Festung zu tief und verbotswidrig überflogen und war kurz davor gewesen, verhaftet zu werden. Doch auch an kühnem Können ließ er es nicht fehlen: Im Rhônetal flog er gegen den Mistral an – und damit fast rückwärts. Nur äußerst mühsam gelang die Landung. Wer später den Film *Quax, der Bruchpilot* sah, bekam eine kleine Vorstellung von den Schwierigkeiten, die damals zu bewältigen waren, aber auch einen deutlichen Eindruck von der unbeschreiblichen Freude und dem Freiheitsgefühl, das Flieger in solchen Maschinen erleben.

An seinen gewagten Flügen beteiligte er seine damalige Frau Maria unbedenklich – es waren in jeder Beziehung Rühmanns wildeste Jahre.

Das neue Hobby kostete eine Menge Geld, aber Rühmann gab es in diesem Fall gern aus. Denn wer den Himmel entdecken will, der muß halt investieren. Über den Wolken muß die Freiheit eben in vielerlei Hinsicht grenzenlos sein.

Dieses Losgelöstsein von der Erde, sich frei und zugehörig zu den Elementen fühlen, sollte Heinz Rühmann in seinem weiteren Leben noch öfters erleben.

Die ersten Erfolge im Film

Zwei Ereignisse hatten für Heinz Rühmann in den Berliner Jahren entscheidende Bedeutung: der Film und das eigene Flugzeug. Wobei zu bemerken ist, daß beide eng miteinander verbunden sein sollten.

Der Film, vor Jahren noch als ›Kintopp‹ belächelt, hatte sich inzwischen ganz schön gemausert. Bedeutende Darsteller wie Wegener, Jannings, Kortner, Gründgens, Bassermann und Krauss fanden es längst nicht mehr unter ihrer Würde zu filmen, oder genauer: Sie nutzten die große Gelegenheit, durch dieses Medium Geld, meist viel Geld zu verdienen und ›Filmruhm‹ zu erlangen. Der Tonfilm hatte gerade seinen Siegeszug begonnen, und Rühmann hoffte sehr – besonders im Hinblick auf ein eigenes Flugzeug –, daß auch Fortuna in Form eines Filmmenschen ein Auge gnädig auf ihn richten möge.

Zwar verdiente er bei Max Reinhardt am Theater gut, aber zu einem eigenen Flugzeug würde es nie reichen, zumal eine kleine ›Klemm‹ ein Vermögen kostete.

Film war in der Zwischenzeit nicht mehr nur *Mutterglück* und *Heidegrab*, sondern auch *Metropolis* und die *Frau im Mond*. Paul Wegener hatte den *Golem* gespielt und Conrad Veidt den *Student von Prag*. Weder Krauss noch Wohlbrück, nicht Arno Alexander und auch nicht ein Emil Jannings zögerten, sich vor die Kamera zu stellen. Letzterer war inzwischen sogar schon zum vielbeneideten ›Weltstar‹ in Hollywood avanciert. Als er mit einem triumphalen Empfang nach Deutschland zurückkehrte, sparte die Ufa auch mit der Gage für Emils ersten Tonfilm nicht: 300 000 Mark – das Höchste, das damals in Europa für eine Rolle je bezahlt wurde.

Doch so, als hätte jemand heimlich ein wenig nachgeholfen, geschah es eines schönen Tages im Jahre 1930: Ein gewisser Erich Pommer, seines Zeichens mächtiger Produktionschef der noch mächtigeren Ufa-Filmgesellschaft, meldete sich.

Im pompösen Büro in Babelsberg bei Berlin erklärte er Rühmann: »Wir wollen eine ganz neue Art von Film drehen – ein Lustspiel mit Musik und Tanz, aber keine Operette. Es soll ein Stück aus unseren Tagen werden und wird *Die Drei von der Tankstelle* heißen. Den dritten Mann suchen wir noch.«

DIE *lustigen Drei*

Die Gesetze der Tonfilm-Operette sind noch keineswegs feststehend. Während die Bühnen-Operette schon seit fünfundzwanzig Jahren einen geradezu starren Charakter hat, ist die Tonfilm-Operette von vornherein ganz anders an ihre Aufgabe gegangen. „Liebeswalzer", die erste deutsche Tonfilm-Operette von Hans Müller und Robert Liebmann, war der Auftakt dieser neuen Filmgattung. Wohl hat es früher beim stummen Film Operetten - Verfilmungen gegeben, die meistens aus den dramaturgischen Gesetzen des stummen Films her burlesk entwickelt wurden und deren operettenhafte Spielmotive sich aus den Zwischentiteln ergaben. Erich Pommer, Wilhelm Thiele und der Komponist Werner K. Heymann haben, als sie im vorigen Jahr den Entschluß faßten, die erste deutsche Tonfilm-Operette, den „Liebeswalzer", zu drehen, sofort einen

Willy Fritsch, Oskar Karlweis, Heinz Rühmann

Willy Fritsch, Lilian Harvey Phot. Ufa

neuen Weg betreten. Musik, Gesang, Sprache und Bild wurden dramaturgisch so verflochten, daß einmal aus dem Bild, einmal aus der Sprache und das andere Mal aus dem Gesang sich das leichte, flüssige Dahingleiten des Geschehens ergab. Es war aus diesem Grunde geboten, die beiden einmal draußen in Neubabelsberg zu besuchen, wo sie ihr neues Werk „Die Drei von der Tankstelle", dessen Drehbuch von Franz Schulz und Paul Frank stammt, gemeinsam schaffen.

In der Nordhalle der großen Tonfilm-Anlagen in Neubabelsberg, mitten in dem Riesenraum, steht eine kleine Tankstelle — offenbar die gelb-grüne, die Tankstelle einer bekannten holländischen Firma. Bei näherem Zusehen erkennt man allerdings, daß an Stelle der Muschel ein Kuckuck das Firmenschild dieser kleinen Tonfilm-Tankstelle bildet. Wilhelm Thiele unterhält sich mit dem Tankstellen-Techniker: Optisch gefällt ihm das Hineinpumpen des Öles in die Glasbehälter nicht. Rund herum der Stab, an der Kamera Franz Planer, Otto Hunte, bekannt vom „Blauen Engel" als Architekt, und dann Werner Richard Heymann, er, dessen Schlager „Du bist das süßeste Mädel der Welt" heute zu den populärsten Schlagern Deutschlands gehört. Er hat auch wieder bei den „Drei von der Tankstelle" fünf — ja fünf einprägsame und moderne Schlager komponiert und hat gleichzeitig die musikalische Leitung des ganzen Films.

Eine kleine Szene. Lilian Harvey, die eben erst in „Hokuspokus" ihren letzten großen Erfolg errang, spielt

Der erste große Erfolg: 1930 entstand unter der Regie von Wilhelm Thiele die parodistische Filmoperette ›Die Drei von der Tankstelle‹. Willy Fritsch,

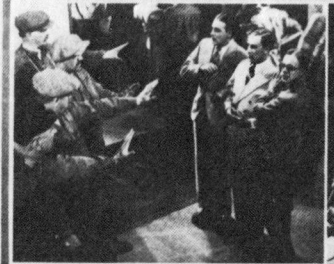

Willy Fritsch, Oskar Karlweis, Heinz Rühmann

VON DER *Tankstelle*

mit Willy Fritsch zusammen. Sie hält mit ihrem großen weißlackierten Mercedes vor der kleinen Tankstelle. Willy Fritsch, als junger Tankstellenwärter, im Arbeitsanzug, kokettiert mit ihr, nur ein kleiner einfacher Passagen-Flirt. Aber schon hier erkennt man den ganz neuartig durchgearbeiteten Stil der „Drei von der Tankstelle". Wilhelm Thiele und an seiner Seite der Ballettmeister Theo Lingen haben alle Szenen tänzerisch und in Gemeinschaft mit Werner Richard Heymann musikalisch aufgelöst. Lilian Harvey hält vor der Tankstelle, steigt graziös aus dem Auto, und schon beginnt ein tänzerisches Duett zwischen ihr und Willy Fritsch, alles von der melodiösen Musik Werner Richard Heymanns getragen. Sie singen hier vor der Tankstelle einen der Schlager des Films, bis in die letzte Bewegung Sinnbild einer leichtfüßigen Operette, eine Mischung

Oskar Karlweis, Lilian Harvey   Phot. Ufa

Lilian Harvey, Heinz Rühmann

von Sentimentalität, Ironie und Musikalischer Beherrschtheit. Wilhelm Thiele, der einem in seiner nervösen Art die Hand drückt: „Sie sehen, wir sind systematisch auf dem mit ‚Liebeswalzer' begonnenen Weg weitergegangen. Das ganze Drehbuch haben Franz Schulz und Paul Frank in Gemeinschaft mit Werner Richard Heymann und mir von vornherein auf das musikalische Moment eingestellt, so daß eigentlich erst aus dem Zusammenklingen von Musik, Dialog und Spiel die Operette entstehen kann. Sie können mir aber glauben, es ist eine schwere, schwere Arbeit. Sehen Sie, für die Inszenierung auf der Bühne hatte ich früher während meiner Theater-Regisseurlaufbahn Zeit, viel mehr Zeit als jetzt beim Tonfilm. Wir haben doch oft sechs Wochen lang geprobt. Hier sind wir nach zehn Tagen Probe ins Atelier gegangen." Und er fügt lächelnd hinzu: „Ich glaube fast, daß es viel leichter ist, einen ernsten dramatischen Tonfilm zu drehen als eine flotte Tonfilm-Operette.

Sehen Sie, wenn ich aus dem Atelier gehe, ist mein Film fix und fertig. Alles, was wir tonlich brauchen, wird gleichzeitig mit der Bild-Aufnahme aufgenommen. Hier hinten sehen Sie in einem gegen störende Geräusche abgeschlossenen Raum unsere Kapelle. Es muß doch immer zwischen dem Spiel meiner Darsteller, dem Gesang, ihrem tänzerischen Elan und der Musik unbedingte Synchronität herrschen."

Der ganze Arbeitswille, das Arbeitstempo und die Begeisterung, mit der alle Beteiligten an dieser neuen Form des Tonfilms arbeiten, lassen das beste erhoffen.

Oskar Karlweis und natürlich Heinz Rühmann versuchen, die Gunst von Lilian Harvey zu erlangen.

»Und wer sind die beiden anderen?« fragte Rühmann neugierig.

Produzent Pommer ließ die Namen förmlich auf der Zunge zergehen: »Willy Fritsch und Oskar Karlweis. Die Dame, um die es sich dreht, haben wir auch schon – sie ist ein blonder Traum und heißt Lilian Harvey.«

Aufmerksam hörte Rühmann zu, und er hörte Pommer auch sagen, daß Filmen schließlich kein Theater sei, und deshalb müßten zuerst Probeaufnahmen gemacht werden.

Als Rühmann einige Tage später zum Kameratest ins Atelier kommen sollte, streikte sein Diavolo und benahm sich im wahrsten Sinn des Wortes wie ein Teufel: Die Kette sprang vom Hinterrad, dann stand plötzlich das eine Rad schräg, und kaum hatte Rühmann das in Ordnung gebracht, blubberte der Motor und setzte dann ganz aus. Also Zündkerze raus, Vergaser durchpusten, Anschlußklammern reinigen und, und . . . Zwar machte es der Motor dann, aber Rühmann traf verspätet, verschmiert und verdreckt und völlig mit den Nerven runter beim Film ein.

Im Aufnahmestudio kam er sofort vor die Kamera. Er wußte, daß dies die Chance seines Lebens war, die einmalige, unwiederbringliche Chance. Er bemühte sich sein Bestes zu geben, aber er sah selbst schon während der Aufnahme ein, daß er sich in völliger Unkenntnis des Milieus verkalkuliert hatte.

Am nächsten Tag hörte Heinz Rühmann, daß er versagt habe. Die Probeaufnahmen waren eine Katastrophe, und der Regisseur Wilhelm Thiele hatte ihn – so scheint's – von Anfang an nicht haben wollen. Der Traum, durch den Film ein ganz großer Star zu werden – er war in der Realität der Studios zerstoben, verweht. Er schien für immer ausgeträumt.

Aber es geschah, was in dieser Branche höchst selten der Fall ist: Der allgewaltige Erich Pommer ließ nochmals Probeaufnahmen ansetzen. Sie sollten in seiner Gegenwart gemacht werden, und er skizzierte zuvor Rühmann die Handlung des Films. Diesmal war Heinz Rühmann gewitzter, spielte aus dem Stegreif vor und brachte seine alte Schwäche an, einen Pauker zu imitieren.

Offensichtlich traf er ins Schwarze, denn Pommer nickte befriedigt und meinte: »Lassen Sie uns einen Vertrag machen.« Als der Produzent fragte: »An welche Gage hatten Sie gedacht?« – kam von Rühmann knapp und klar die Antwort: »Siebentausend, Herr Pommer.«

Vor seinem geistigen Auge muß in diesem Moment ein kleines

Flugzeug ganz steil in den Himmel gekurvt sein. Nämlich Rühmanns eigene Maschine – sein größter Wunschtraum.

Als der Vertrag unterzeichnet war, wurde er auch versichert, und zwar gleich bei Lloyd's in London. Das war ihm neu und kam ihm reichlich komisch vor. Deshalb leistete er sich beim Ausfüllen des dazugehörigen Fragebogens einen kleinen Scherz. In die Rubrik mit der Frage ›Ist Ihnen ein Umstand bekannt, der Sie bei der Ausübung Ihrer Tätigkeit hindert?‹ schrieb Heinz Rühmann keck: Saufen.

Wenngleich dies auch ein wenig stimmte, weil Rühmann in jener Zeit so manche Nacht mit guten und meist auch trinkfesten Freunden durchzechte – die Leute von Lloyd's kannten dieses Wort nicht. Britisch höflich fragten sie zurück: »Was ist das, bitte, Saufen?«

Die Verantwortlichen der Ufa empfahlen den Versicherungsleuten, dieses Wort ersatzlos zu streichen und es vor allem möglichst schnell zu vergessen.

Drei Monate lang stand Heinz Rühmann für *Die Drei von der Tankstelle* vor der Kamera. Er wurde in drei Versionen zugleich gedreht, da die Ufa eine deutsche, eine englische und eine französische Fassung herstellte. An Synchronisation dachte damals noch kaum jemand. Dieser ›Stimmenverleih‹ wurde erst Jahre später allgemein gebräuchlich. Lilian Harvey, für die dieser Film der Beginn ihrer großen Erfolge als ›süßestes Mädel‹ wurde, bewältigte alle drei Sprachen selbst. Die anderen aber, Fritsch, Karlweis und Rühmann, wurden jeweils durch ausländische Kollegen ersetzt.

Der Film handelte von drei Freunden, die zwar durch die Weltwirtschaftskrise arbeitslos waren, aber weder ihre gute Laune noch ihren Lebensmut verloren. Sie machten unter allerlei Abenteuern eine Tankstelle auf, wo ein bildhübsches junges Mädchen, mit einem wohlhabenden Papa und einem häufig pflegebedürftigen Wagen gesegnet, ihre beste Kundin wurde. Lilian Harvey spielte das Mädchen, und Willy Fritsch führte sie dann als Braut heim. Die beiden anderen munteren Tankwarte waren Heinz Rühmann und Oskar Karlweis.

Bevor Pommer ein Projekt freigab, war er sich über den Stil im klaren, in dem es verfilmt werden sollte. Aber die »Tankstelle« bereitete offenbar Schwierigkeiten, was wohl daran lag, daß die Story ein bißchen dünn war und für eine Operette so wenig

Voraussetzungen zu haben schien. Bald aber war man sich darüber einig, daß für die Handlung, die in der Arbeitslosigkeit 1930 angesiedelt war aus dem Geist der heiteren unbeschwerten Musik der Darstellungsstil entwickelt werden mußte.

So kam es, daß der Gerichtsvollzieher (Felix Bressart) im Tanzschritt eine Villa pfändet, der Rechtsanwalt seine Post in Chansonform erledigt, daß die Möbel aus dem Fenster schweben und die Möbelpacker eine Art Schwere-Jungen-Ballett aufführen. Spiel, Dialog, Tanz und Musik gingen ineinander über.

Das von den drei Tankwarten gesungene Marschlied wurde ein Schlager ersten Ranges.

»Ein Freund, ein guter Freund,
Das ist das Beste, was es gibt auf der Welt,
Ein Freund bleibt immer Freund,
Und wenn die ganze Welt zusammenfällt.
Drum sei auch nie betrübt,
Wenn dein Schatz dich nicht mehr liebt.
Ein Freund, ein guter Freund,
Das ist der größte Schatz, den's gibt.«

Unzählige Male ist versucht worden, diesen Thiele-Film, der den Höhepunkt im Bemühen um eine stileigene Tonfilmoperette darstellt, zu kopieren – keiner hat diesen Höhepunkt jemals erreicht. Und es ist auch nie wieder versucht worden, aus der aktuellen Notsituation der Weltwirtschaftskrise einen publikumswirksamen Filmstoff zu machen.

Das war nur einer von vielen Filmen – andere waren *Liebeswalzer, Einbrecher* und *Hokuspokus* –, in denen Fritsch und die Harvey gekoppelt waren. Aber keiner dieser frühen Filme erreichte den Erfolg von *Die Drei von der Tankstelle*, ein Erfolg, den dieser liebenswürdig-anspruchslose Film nicht nur der Qualität wegen verdiente, sondern weil er das ›zeitnahe‹ Thema der Wirtschaftskrise mit der Romantik eines Märchenerzählers und mit viel Humor anpackte.

Es war damals alles andere als leicht, sich als Neuling im Tonfilm durchzusetzen. Als Bühnenschauspieler mußte Rühmann noch vieles hinzulernen. Tanz, Gymnastik und Gesangstudium waren zu absolvieren. Es fiel ihm deshalb auch ein wenig schwer, mit Fritsch und Karlweis einigermaßen bei dem Lied, das dann so populär

Robert Siodmak inszeniert 1931 die Filmgroteske ›Der Mann, der seinen Mörder sucht‹. Hauptrolle: Heinz Rühmann. Nur wenige Jahre später emigrieren einige Gestalter des Films (Robert und Curt Siodmak, Billie Wilder, Friedrich Hollaender, Franz Wachsmann) in die USA, während Rühmanns Karriere sich im deutschen Film festigt.

wurde, mitzuhalten: »Ein Freund, ein guter Freund, das ist das Beste, was es gibt auf der Welt.«

Das ganz Private kam in dieser bewegten Zeit entschieden zu kurz, denn Rühmann spielte weiterhin bei Max Reinhardt Theater.

In einer Kritik vom 6. 2. 1931 schrieb Herbert Ihering: »Heinz Rühmann, der im Tonfilm nahe daran war, sich an zappelige Operettennuancen zu verlieren, ist hier von einer reizenden Ruhe, einem köstlichen Phlegma. Das ist seine Natur. Herrlich.«

Im übrigen widmete er jede freie Stunde seiner geliebten Fliegerei.

Es war fast schon ein geflügeltes Wort unter Kollegen, wenn er sich mit einer Leihmaschine wieder einmal in die Lüfte erhob: ›Der Kleine hat sich in Luft aufgelöst.‹

Bei einer im Juni 1932 unter deutschen Filmtheatern durchgeführten Abstimmung über die geschäftlich erfolgreichsten Tonfilme 1931/1932 stand *Die Drei von der Tankstelle* an erster Stelle. Die Ufa hatte Rühmann einen Jahresvertrag gegeben, und er hatte daraufhin bei Klemm in Böblingen eine eigene Maschine bestellt, die aber erst gebaut werden mußte.

Bis zu ihrem Eintreffen mußten – zur Finanzierung – natürlich noch einige Filme gedreht werden. Nach dem Tankstellenfilm folgte *Der Mann, der seinen Mörder sucht*.

Dann *Einbrecher*, ebenfalls mit Lilian Harvey, Willy Fritsch und Oskar Sima. Zu den besten Filmen, die Rühmann damals drehte, gehörte *Bomben auf Monte Carlo*, in dem er neben Hans Albers spielte. ›Neben‹ ist hier vollkommen richtig, denn Hans Albers spielte in jeder Hinsicht die Hauptrolle. Alles andere um ihn hatte Fußvolk zu sein, und Heinz Rühmann wurde von dem allmächtigen Hans gutmütig als »Herr Kollege von der Sommerbühne« angeredet.

Der blonde Hans von der Waterkant war ein guter Kamerad und Kollege, aber auch berühmt für seine Späße im Atelier. So rief er jeden Morgen, wenn er die heiligen Atelierhallen betrat: »Seid ihr alle da?« – worauf im Chor ein kräftiges, lautstarkes »Jaaah« aus dreißig und mehr Kehlen zu erklingen hatte, worauf Albers befriedigt nickte und seine Botschaft verkündete: »Darum stinkt's hier auch so.«

Außer diesem ›Morgenwitz‹ gab es bei ihm auch einen sogenannten ›Abendwitz‹. Das klang dann etwa so: Nach getaner Atelierarbeit rief Albers freudig, fordernd aus: »Jetzt werde ich aber jemanden reinlegen!« Worauf prompt gefragt werden mußte: »Ja, wen denn?« Und Albers herzhaft lachend seinen Abgang vorbereitete: »Den Hintern ins Bett!«

Natürlich sagte er nicht Hintern, sondern wählte einen deftigeren Ausdruck dafür. Witterte er einmal nicht genügend Begeisterung für seine Scherze, so pflegte er zusätzlich zu sagen: »Hat eigentlich irgend jemand etwas dagegen einzuwenden?« Worauf sich natürlich niemand, und hätte es ihm auch noch so mißfallen, zu melden wagte. Dieser Hans Albers wußte genau um seinen Wert, um seine Sonderstellung als Kassenfüller, was jene Filmregisseure gelegentlich zu spüren bekamen, die dachten, sie könnten ihn von oben herab behandeln. Darin war er sehr empfindlich.

Das zeigte sich bei *Bomben auf Monte Carlo.*

Es war ein beschwingter Streifen, der im Genre des Unterhaltungskintopps Filmgeschichte machen sollte. Nicht zuletzt wegen der maßgeschneiderten Schlager, die bald in aller Munde waren – und es teilweise auch heute noch sind:

> Das ist die Liebe der Matrosen
> auf die Dauer, lieber Schatz,
> ist mein Herz kein Ankerplatz!
> Es blühn an allen Küsten Rosen,
> und für jede gibt es tausendfach Ersatz.
> Man kann so süß im Hafen schlafen,
> doch heißt es bald: Auf Wiedersehen.
> Das ist die Liebe der Matrosen
> von dem kleinsten und gemeinsten Mann
> bis rauf zum Kapitän.

Das Skript des Films ließ keine Publikumswünsche an Seefahrtsromantik, Situationskomik, Draufgängertum und Liebesgeplänkel offen:

Hans Albers führt als ausgefuchster Abenteurer Käpt'n Craddock den Kreuzer Persimon durch die Weltmeere. An Craddocks Seite ein gewitzter Bursche, der Wachoffizier Leutnant Peter Schmidt (Heinz Rühmann). Als Craddock den Befehl erhält, die Königin Yola zwecks Vergnügungsreise durchs Mittelmeer zu schippern, laufen sie Monte Carlo an, wo sie im Konsulat schon von Yola (Anna Sten) erwartet werden. Yola verliebt sich auf den ersten Blick in den Kapitän und gibt sich nicht als seine Landesherrin zu erkennen. Sie will ihn mit den Waffen einer Frau schlagen, gibt ihm zuerst 100 000 Franc, da die Besatzung der Persimon schon lange keine Heuer mehr gesehen hat. Der Käpt'n geht damit ins Kasino und gewinnt fast immer, bis ihn Yola überredet, alles auf eine Zahl zu setzen. Das Geld ist weg, Craddock pleite. Aber ein Kriegsschiffkommandant seines Schlages gibt da nicht so schnell auf. Er droht, das Spielcasino zusammenzuschießen, wenn man ihm das verspielte Geld nicht wieder gibt. Die Kanonen des

Kreuzers richten sich auf Monte Carlo. Da erscheint Yola als Königin und läßt Craddock verhaften, um ihn zur Vernunft zu bringen. Er aber flieht und »entert« ein vorbeifahrendes Schiff. Yola folgt dem geliebten Flüchtling mit ihrem Kreuzer.

Rühmann und Albers wurden vom Regisseur bei Außenaufnahmen an der Riviera recht unmotiviert geschulmeistert, weil sie eine Szene anders als im Drehbuch vorgeschrieben spielten. Später stellte sich heraus, daß es ein typischer, großartiger ›Albers-Einfall‹ gewesen war, und er war zu Recht verärgert.

Mit seinen unwahrscheinlich wasserblauen Augen sah er Rühmann mitten in der Szene, auf den Stufen einer Treppe, an und meinte dann: »Ich glaube, Herr Kollege, wir sind hier auf dem falschen Dampfer.« Sprach's, packte Rühmann am Arm und ließ den verdutzten Regisseur in der Landschaft stehen: Der Drehtag war beendet.

Der kleine Rühmann gefiel ihm sichtlich, denn der große Albers – er war elf Jahre älter – erkannte sehr bald: sie waren ein recht bemerkenswertes Paar, bei dem sich Kraft und Witz, Gemüt und Gemütlichkeit, ein Held und ein Heiterkeitserzeuger harmonisch ergänzten.

Sechs Jahre später sollten sie wieder gemeinsam einen der originellsten Filme der damaligen Zeit gestalten: *Der Mann, der Sherlock Holmes war*.

Dieser launige Stoff schlägt beim Publikum voll ein, und diesen Film halten nicht wenige für den besten, den Hans Albers je machte.

Die Handlung: Die berühmte Mauritius-Briefmarke, die auf einer Weltausstellung gezeigt werden sollte, ist verschwunden. Sherlock Holmes (Hans Albers) und sein Freund Dr. Watson (Heinz Rühmann) machen sich auf die Suche. Dabei treffen sie die Nichten des berühmten Professors Berry, der von ihnen als Fälscher entlarvt werden soll. Sie verlieben sich in Mary (Marieluise Claudius, die in *Peer Gynt* neben Albers die Solveig gespielt hatte und sehr jung 1939 starb) und Jane (Hansi Knoteck). Aber ihr Verdacht gegen den Onkel läßt das richtige Glück nicht aufkommen. Nach vielen Irrungen und Verwirrungen geraten Holmes und Dr. Watson in die Hände einer Ganovenbande und schließlich auch in den Verdacht, gar nicht die berühmten Detektive, sondern ganz gemeine Gauner zu sein. Eine Gerichtsverhandlung bringt es an den Tag: Die beiden sind wirklich nicht Holmes und Watson. Sie sind englische Privatdetektive, die sich in der Kostümierung der berühmten Literatur-Kriminalisten einen guten Werbegag erhofften. Da sie aber schließlich die Mauritius-Briefmarke wiedergefunden haben, gehen sie straffrei aus. Bedingt straffrei – denn Mary und Jane wollen die Detektive lebenslänglich verhaften.

Und als er siebzehn Jahre später wieder mit Rühmann in dem Film *Auf der Reeperbahn nachts um halb eins* vor der Kamera stand, war Albers noch immer unverändert der gleiche vitale Mann und Schauspieler, dessen unbändige Lebensfreude trotz vieler Nackenschläge geradezu ansteckend wirkte.

Zuvor aber wurde das Albers-Lied *Das ist die Liebe der Matrosen* ungeheuer populär und *Bomben auf Monte Carlo* in der Spielzeit 1931/32 gleich nach dem Film *Der Kongreß tanzt* der geschäftlich erfolgreichste.

Politisch war in dieser Zeit in Deutschland allerhand los. Die ›Harzburger Front‹ der Nationalsozialisten und der Deutschnationalen wurde gegründet. Nach einer Rede Hitlers vor deutschen Industriellen beschlossen diese, Hitler zu unterstützen. Stalin betonte damals die Rolle der Industrialisierung und der Technik. Gandhi verhandelte erfolglos auf der Londoner Konferenz. Hindenburg wurde abermals zum Reichspräsidenten gewählt – gegen Hitler und Thälmann. Leonhard Frank schrieb den Arbeitslosenroman *Von drei Millionen drei*, Erich Kästner *Fabian*, und Fallada veröffentlichte *Kleiner Mann – was nun?*

In Deutschland erschienen die Filme *Die Dreigroschenoper*[1] und Leni Riefenstahls *Das Blaue Licht*. In den USA zeigte Chaplin *Lichter der Großstadt*[2], und Clark Gable begann seine Filmkarriere in Hollywood.

Die Gagen stiegen – Rühmann bezog Spitzengagen von 140 000 Reichsmark im Jahr, auch für damals ein Vermögen –, und mit ihnen kam er seiner ›Klemm‹ immer näher. 1931 war es dann soweit. Die bekannte Fliegerin Elly Beinhorn, die Frau des Rennfahrers Bernd Rosemeyer, flog sie für ihn vom Flugzeugwerk Böblingen zum Berliner Flugplatz Tempelhof. Unter der Regie von Robert Siodmak, der später einer der gesuchtesten Regisseure von Hollywood – dort drehte er *Die Wendeltreppe*[3], einen der

---

(1) 1931: Regie G. W. Pabst
(2) Originaltitel: City Lights (1931)
(3) Originaltitel: The Spiral Staircase (1945)

besten Thriller der Filmgeschichte – werden sollte, hatte Rühmann an der Seite von Filmseelchen Lien Deyers und Heinz Leibelt *Der Mann, der seinen Mörder sucht*, gedreht.

Später, im Jahr 1960, als Siodmak mit Rühmann und Loni von Friedl *Mein Schulfreund* machte, schrieb der Regisseur bei der Uraufführung in Erinnerung an die gemeinsame ›Filmfrühzeit‹: »Als ich nach ein paar Jahren nach Deutschland zurückkam, feierte ich auch Wiedersehen mit Heinz, mit dem ich vor nun fast dreißig Jahren zusammengearbeitet hatte. Aus dieser Zeit habe ich mir auch das Privileg bewahrt, ihn ›Heinzelmännchen‹ nennen zu dürfen.«

Der Schulfreund ist die Geschichte vom braven Geldbriefträger Ludwig Fuchs, der 1944 von seinem einstigen Schulfreund Hermann Göring den Paragraphen 51 zugebilligt bekommt, damit man ihn nicht wegen seiner allzu friedlichen Gesinnung vor den Volksgerichtshof stellt. Und der dann nach 1945 jahrelang darum kämpfen muß, daß man ihm den ›Jagdschein‹ wieder abnimmt.

Der Film war ein Blick in die damals verkorkste, absurde und verrückte Vergangenheit und in die bundesdeutsche Gegenwart.

Jahrzehnte zuvor aber sollte eine überaus fröhliche Faschingsnacht in München – 1932 im Regina-Hotel – über Heinz Rühmanns nächste Zukunft entscheiden. Er begegnete Ernst Udet.

Da war dieser Udet, ein mehrfacher Weltmeister der Fliegerei, tollkühn, sentimental, großzügig und leichtsinnig.

Und da war dieser Rühmann, unauffällig, sparsam, pedantisch und bürgerlich.

Ganz klar: Gegensätze. Sie werden aber weggewischt, weil beide Flieger aus Leidenschaft waren. Was Rühmann nicht konnte, das konnte Udet. Er hob mit einer Tragfläche seiner Maschine ein Taschentuch vom Boden auf, er zog in Senkrechtlage zwischen den Türmen der Münchner Frauenkirche hindurch, und wenn es ihn packte, unterflog er auch die Isarbrücken – ebenfalls ein halsbrecherisches Unterfangen.

Bereits in dieser Faschingsnacht geriet Rühmann in den Sog dieses einzigartigen Mannes. Schon am nächsten Morgen sahen sie sich auf dem Münchner Oberwiesenfeld vor ihren Maschinen wieder. »Machen Sie mir nur nach, was ich Ihnen vormache«, sagte Udet vor dem Start. Und der Meister machte seinem Schüler so ungefähr alles vor, was es in der Kunstfliegerei gibt. Rühmann folgte ihm, so gut er konnte.

»Ich danke Ihnen für die zwei Flüge«, verabschiedete sich einmal der Münchner Humorist Karl Valentin von Udet, nachdem ihn dieser zu einem kurzen Kunstflug mitgenommen hatte.

»Wieso zwei?« wunderte sich der Flieger. »Weil es mein erster und mein letzter war«, antwortete der Münchner Karl Valentin.

Natürlich nicht Heinz Rühmann. Er bewunderte den berühmten Jagdflieger aus dem Ersten Weltkrieg, der sein Leben wie eine Zigarette genoß, jederzeit bereit, es auch wegzuwerfen.

»Dieses Leben«, sagte Rühmann später einmal über ihn, »war wild bewegt, schön, gefährlich und verspielt.« Während er flog, saß ihm sein Wellensittich auf dem Kopf. Vielleicht waren Rühmanns Jahre mit Udet seine schönsten – mit Sicherheit aber seine turbulentesten. Udet verdiente fünf-, sechstausend Mark pro Flugtag, wobei er regelmäßig Kopf und Kragen riskierte. Das alles hinderte ihn nicht daran, ein kaum vorstellbar verschwenderischer Gastgeber zu sein – mit Durst in der Kehle durfte ihn niemand verlassen. In Udets Berliner Wohnung in der Pommerschen Straße 4 trafen sich Sportler, Dichter und Schauspieler. Heinz Rühmann schloß Freundschaft mit Max Schmeling, Ringelnatz und dem Rennfahrer Rudolf Caracciola. Die Nächte waren kurz, und wenn es knallte, waren es nicht nur Sektkorken: Mit vier Schüssen pflegte der Hausherr Zigaretten auf den Lippen sehr mutiger Gäste zu zerteilen.

Oder zum Beispiel die Geschichte mit dem Silvesterkarpfen. Als Rühmann und Udet es nicht übers Herz brachten, diesen in der Badewanne zu erschießen, fuhren sie zur Spree. Rühmann warf den Fisch ins Wasser. Udet salutierte: »Prosit Neujahr!« Die Männer umarmten sich.

Wenige Tage später, am 30. Januar 1933 kamen die Nazis an die Macht. Goebbels wurde Reichsminister für Volksaufklärung und Propaganda. Die ersten Konzentrationslager entstanden. Nobelpreisträger John Galsworthy und auch Stefan George starben. Fritz Lang gestaltete *Das Testament des Dr. Mabuse*[1], einen Film, der später dann als anklagende Vorausschau des gangsterhaften Nazismus gedeutet wurde. Zugleich entstand, neben *Das Privatleben Heinrichs VIII.*[2] in England, in Berlin der *Hitlerjunge Quex*.

(1) 1932
(2) 1933: The Private Life of Henry VIII (Regie: Alexander Korda)

Der Film ›Ich und die Kaiserin‹ (1933) führte Heinz Rühmann wieder mit Lilian Harvey zusammen. In historischen Kostümen spielt diese Filmoperette am französischen Königshof. Musik und Regie: Friedrich Hollaender.

Im Gegensatz zu seiner Frau bagatellisierte Heinz Rühmann die ›braune Gefahr‹ und sah in ihr nur einen Spuk, der rasch wieder verschwinden würde.

Es war nicht der einzige Gegensatz zwischen ihnen. Rühmann filmte in dieser Zeit viel, flog und trank.

In jenem denkwürdigen Jahr 1933 sah die Liste seiner Filme so aus: *Drei blaue Jungs – ein blondes Mädel, Lachende Erben, Ich und die Kaiserin, Es gibt nur eine Liebe, Heimkehr ins Glück –* durchwegs alles ›harmlose‹ Filme.

Auch wenn Freunde immer wieder bereitwillig seine Frau Maria zu beruhigen versuchten: er schlug ihre Vorhaltungen in den Wind. Sie hatte in ihm den großen ernsthaften Schauspieler gesehen, ihm ihre Karriere geopfert und mußte nun erleben, daß ihm die seichteste Rolle recht war – wenn sie nur gut genug bezahlt wurde.

Rühmann sah später selbst ein, daß er in dieser Zeit ›oft unkritisch in der Wahl seiner Filmstoffe war‹.

Diese Unbedenklichkeit führte zwischen beiden zu ersten Konflikten, und sie begannen sich auseinanderzuleben und sprachen gelegentlich auch mal von ›freundschaftlicher Trennung‹. Bis beide durch einen dicken, fetten, häßlichen Buchstaben, quer über die Identitätskarte gestempelt, in die rauhe Wirklichkeit zurückgerissen wurden.

Der Buchstabe ›J‹ –, denn Maria Rühmann war Jüdin.

Ernst Udet ließ inzwischen die diversen Werbungen des Fliegerkameraden Göring – wohl nicht ganz ungeschmeichelt – über sich ergehen. Letztlich verbreitete er folgende Version: Er könne nicht mehr gut nein sagen, um nicht den Blockwart seines Hauses, einen überaus anständigen Mann, zu gefährden. Denn dem wäre bedeutet worden, entweder er bringe alle Unterlagen über den Eintritt Udets in die NSDAP schnellstens zusammen, oder er werde gefeuert. »Und davor«, so sagte Udet, »wolle er ihn gerne bewahren.«

Udet entschwand alsbald in Richtung Reichsluftfahrtministerium, wurde dort Oberst, später General und noch später nichts weiter als ein Selbstmörder.

In dieser Zeit machte Heinz Rühmann Filme wie *Der Stolz der dritten Kompagnie, Strich durch die Rechnung* und *Es wird schon wieder besser* – aber nichts wurde besser, im Gegenteil.

In jenen Jahren gab es eine Menge Empfänge in Berlin, mal da und mal dort, bei Hitler oder Goebbels. Die neuen Machthaber, die sich gern mit Künstlern und Prominenten umgaben, waren sehr großzügig und fragten nicht nach dem Parteibuch, das die wenigsten der Schauspieler besaßen.

Bei einem dieser Künstlerempfänge in der Reichskanzlei versicherte Hitler wörtlich – so komisch es klingen mochte –, er habe in seinen schweren Stunden »mitten im entscheidenden Kampf um die Macht«, als Zuschauer in den Münchner Kammerspielen, durch Maria Bard und ihn, Rühmann, »neue erlösende Kraft« geschöpft und verdanke ihm somit sehr viel.

Trotzdem war sich Rühmann nie ganz sicher, ob der Führer ihm wohlgesonnen war. Deshalb war bei solchen Begegnungen, bei denen oft auch Kollegen wie Theo Lingen, Paul Verhoeven, Paul Bildt, Paul Henckels, Gustaf Gründgens, Hans Moser oder andere dabei waren, die Devise: Lächeln und Schweigen oder ein wenig

Recht turbulent geht's zu in ›Dreizehn Stühle‹ (1938). Hans Moser und Heinz Rühmann auf der Jagd nach einem Vermögen, das in einem von dreizehn Stühlen versteckt ist.

Heinz Rühmann und Jarmila Novotna in ›Frasquita‹ (1934), einem Film aus dem Milieu der Zigeuner nach Franz Léhars gleichnamiger Operette.

Nuscheln, so wie es eben Hans Moser tat. Er war – ebenso wie Rühmann – trotz seiner jüdischen Frau zu solchen Empfängen gern eingeladen, da Hitler an seinem österreichischen Landsmann geradezu einen Narren gefressen hatte.

Trotzdem fühlte sich dieser immer ein wenig ängstliche und liebenswert hilflose Schauspieler nicht wohl in seiner Haut. Oft sprach er mit Rühmann über seine persönliche Situation. Als beide nach dem ›Anschluß‹ Österreichs in Wien gemeinsam in dem Film *Dreizehn Stühle* vor der Kamera standen, erschien während der Dreharbeiten im Wachsfigurenkabinett der Wiener Gauleiter Bürckel – wegen seines übergroßen Durstes im Volksmund auch Bierleiter Gauckel genannt. Moser verschwand wie der Blitz durch die Hintertür.

Heinz Rühmann sprach mit Gauleiter Bürckel. Der war gnädig gestimmt und sagte: »Hitler mag den Moser. Sagen Sie dem Herrn Moser, er und seine Frau stünden unter meinem Schutz, nichts wird ihnen passieren. Er kann mich tagsüber jederzeit anrufen.«

Rühmann teilte genau dies Hans Moser mit. Der sträubte seine Haare wie ein Kater, schniefte, zog sich auf sein Doppelkinn zurück, schoß einen seiner mißtrauischsten Blicke ab und erwiderte: »Tagsüber? Und was bitte mache ich nachts?«

Hans Moser, damals beliebt wie kaum ein anderer Komiker, hatte auch viel mit einem Mann zu tun, der nur wenigen ein Begriff war. Er hieß Oskar Glück, war Filmproduzent in Wien und – Jude! Glück beschäftigte Moser und Rühmann, solange es ging. Außer den *Dreizehn Stühlen* hatte er 1934 *Frasquita* (mit der großartigen Jarmila Novotna und Rudolf Carl) und 1937 *Der Mann, von dem man spricht* (mit Theo Lingen und Gusti Huber) mit den beiden gemacht.

Ossi, wie Glück genannt wurde, besaß Mut in einer Zeit, in der mancher feige wurde. In Kollegenkreisen ging darum sehr schnell das geflügelte Wort um: ›Glück muß man haben.‹

Nicht nur in Wien, sondern auch in Deutschland gab es Männer am Theater, die ein Herz für ›belastete‹ Kollegen hatten. Gustaf Gründgens gehörte dazu, bei dem viele Schutz fanden. Dessen ›Schutzherr‹ wiederum war Hermann Göring, der Gründgens gegen Goebbels abschirmte.

Längst aber wußte Heinz Rühmann, daß er ebenfalls auf der Abschußliste stand, zumal sich Anzeichen dafür mehrten. Als ihm der Aero-Club mit der Begründung kündigte, weil er mit einer Jüdin verheiratet sei, wurde die Luft, die Heinz Rühmann zum Leben brauchte, recht dünn. Damit aber auch das Geld knapp, um das sich Rühmann bis zu dieser Zeit nicht zu sorgen hatte brauchen.

1936/37 war unter der Regie von Wolfgang Liebeneiner der *Mustergatte* entstanden. Liebeneiner war Heinz Rühmann bereits in den Münchner Kammerspielen als Falckenbergs Regieassistent begegnet. Nun zog dieser auch nach Berlin, in die gleiche Salzbrunner Straße, in der Rühmann wohnte. Dort übernahm Liebeneiner die schräg gegenüberliegende Wohnung der Rühmannschwester Ilse, die ein sehr herzliches Verhältnis zum Schwager ihres Bruders, dem Herrn Bernheim gehabt haben soll. Sie starb dann durch einen fatalen medizinischen Mißgriff – eine falsche Spritze wirkte tödlich.

Die Filmgesellschaften boten ihm einfach keine Verträge mehr an, so daß Rühmann einen Ausweg finden mußte: Er ging erneut auf Tournee, die Schwager Otto Bernheim gut organisierte.

Heinz Rühmann mit Hans Söhnker und Heli Finkenzeller in der Ehekomö-
die ›Der Mustergatte‹(1937).

Alles lief wie am Schnürchen, das Publikum kam in Scharen.
Nur in Oldenburg war es anders! Dort waren die Plakate, die ihn
als *Mustergatten* ankündigten, mit einem dicken Überkleber versehen: *Ist mit einer Jüdin verheiratet!*

Wenige Tage zuvor hatte *Das schwarze Korps*, die Zeitung der
SS, gegen ihn gehetzt: ›Heinz Rühmann, führender Mann im
Theater und beim Film, ist immer noch mit einer Jüdin verkuppelt
und nicht bereit, Konsequenzen zu ziehen.‹ Der *Stürmer* druckte
dieses mit Vehemenz nach.

Nun war Rühmann mit seinem Latein am Ende.

Er hat in seinem Leben nie Bittgänge unternommen, es sei denn
für Freunde und Kollegen. Jetzt aber – und das spürte er ganz
deutlich – mußte etwas geschehen!

Von wem aber konnte denn da noch Hilfe kommen? Von
Goebbels etwa? Oder von Göring? Oder etwa gar von Hitler?

Das Absurde daran war, daß eigentlich alle Beteiligten das

gleiche wollten. Das Ehepaar Rühmann hatte sich nach vierzehn Jahren Ehe auseinandergelebt und redete schon seit geraumer Zeit von Trennung – aber nicht unter politischem Druck!

Die erbetene Audienz bei Goebbels verlief höflich kühl, und seine beiden Ratschläge lauteten: »Lassen Sie sich doch scheiden« und »seien Sie finanziell großzügig!«

Aber keine Spur von Hilfe.

Wenige Tage darauf war Rühmann bei Göring in Carinhall. Schließlich wußte man, daß sich dessen Frau, die Schauspielerin Emmy Sonnemann, stets für verfolgte Kollegen einsetzte. Göring empfing ihn in einem kostbaren Jagdkostüm, schwärmte von ihrem gemeinsamen Freund Udet, sprach viel von alter Fliegerkameradschaft und schwelgte überschwenglich vom Können seines Lieblingsschauspielers Hans Moser. »Ich lache mich immer halb tot über ihn, wenn ich ihn sehe. So wie auch übrigens über Sie im Film. Können Sie eigentlich den Moser nachmachen? Sicher können Sie das!«

Rühmann konnte und wollte wohl auch nicht. Die Sache war ihm viel zu ernst, als daß er hier vor dem Reichsmarschall parodiert hätte.

Abschließend gab ihm Göring den jovialen Rat: »Mein lieber Herr Rühmann«, sagte er, »Sie sind einer unserer beliebtesten Schauspieler. Sie sind für uns unentbehrlich! Machen Sie Ihrer Frau klar, daß Sie Ihnen nicht im Weg stehen darf. Vielleicht kann sie pro forma einen neutralen Ausländer heiraten?«

Bei einem Familienrat im Beisein von Maria, guten Bekannten und Freunden, kamen alle nach längerem Für und Wider zu der Überzeugung, daß Rühmann als ›freier Mann‹ erheblich mehr für Marias Schutz tun könnte als ein Mann, der selbst belastet war. Um dieses Kapitel abzuschließen: Der ›neutrale Ausländer‹ wurde in der Person eines Herrn von N., Schauspieler Rolf von Nauckhoff, der die schwedische Staatsangehörigkeit hatte, gefunden. Diese war auch in Großdeutschland akzeptiert, und nach der Heirat mit ihm fiel Maria Rühmann nicht mehr unter das Verdikt der Nürnberger Gesetze. Offiziell übersiedelte die nunmehrige Maria von N., geborene Bernheim, geschiedene Rühmann, nach Stockholm. Dort war sie jahrelang Direktrice in einem Modegeschäft und wurde trotz der strengen Devisenbestimmungen fast bis zum Ende des Krieges von ihrem Exehemann Heinz finanziell unterstützt. Ein Jahr nach Kriegsende starb sie in München.

*Im Februar 1940 besuchte Heinz Rühmann mit Ehefrau Hertha Feiler
Kopenhagen, wo ›Paradies der Junggesellen‹ ein großer Erfolg wurde.*

Nun durfte Rühmann wieder filmen. Er durfte sich sogar noch
einen Wunsch erfüllen: Zum erstenmal konnte er Regie führen.

Der Film hieß *Lauter Lügen*, die Terra-Filmgesellschaft ließ ihm
weitgehend freie Hand, und auch das Drehbuch konnte sich
ebenso wie die Besetzung sehen lassen. Ausgezeichnete Schauspieler wie Albert Matterstock, Johannes Riemann, Hilde Weissner waren dabei.

Nur die Hauptdarstellerin fehlte noch. Wochenlang wühlte
Rühmann in Hunderten von Probeaufnahmen. Ein junger Mann
stand Rühmann als Regieassistent zur Seite: Kurt Hoffmann. Es

war derselbe *Wunderkinder-* und *Spessart*-Hoffmann, mit dem Rühmann noch Jahrzehnte später, etwa in *Dr. med. Hiob Prätorius*, gern zusammenarbeiten sollte. Derselbe Hoffmann auch, der kurz nach *Lauter Lügen*, gleichfalls 1938, mit dem *Paradies der Junggesellen*, seiner ersten eigenen Regieleistung, erhebliches Aufsehen erregte.

Vorerst klagte dieser Kurt Hoffmann aber resigniert: »Herr Rühmann, Sie suchen einen Traum. Die Frau, die Sie haben möchten, gibt es nicht!«

Dann aber erschien der Traum doch. Zunächst auf Bildern, die ein Wiener Agent von einer bezaubernden Schauspielerin der Wiener Scala geschickt hatte. Das war sie – die gesuchte Hauptdarstellerin, die und keine andere!!! Und auch der Name stand irgendwo vermerkt: Hertha Feiler.

Als sie Rühmann, ihren zukünftigen Regisseur, nach einigen Anläufen zum erstenmal sah, muß ihr Eindruck von ihm sehr zwiespältig gewesen sein. Rühmann war gerade für die letzten Aufnahmen zum Film *Nanu, sie kennen Korff noch nicht?* in der merkwürdigen Kostümierung als Vogel verkleidet.

Aber alles ging gut, die Verständigung klappte auf Anhieb. Das Fräulein Feiler aus Wien fügte sich prächtig in das Filmteam und wurde nach erfolgreicher Premiere in Hamburg und kurz darauf in Berlin von der Kritik als ›bemerkenswerte Neuerscheinung im Deutschen Film‹ begrüßt.

Auch hier wieder zeigte sich, daß Rühmann sich schon voll und ganz der Macht der leisen Töne bewußt war. Um konzentriert arbeiten zu können, stellte er am Ateliereingang eine Tafel mit dem Hinweis ›Ich kann nur bei größter Ruhe arbeiten, deshalb erwarte ich auch das gleiche von Ihnen!‹ auf.

Aber noch etwas hatte es Rühmann angetan: diese Schauspielerin, die da aus Wien gekommen war. Sie war begabt, sah gut aus und war bei der Arbeit von wohltuender Sachlichkeit und Reserviertheit. Aber mehr noch: ihr mädchenhafter Charme und ihre

Im ›Paradies der Junggesellen‹ (1939) herrscht nur zu Anfang eitel Sonnenschein. Die Herren bleiben ihrem Schwur, nicht zu heiraten, nicht treu. Heinz Rühmann, Josef Sieber und Hans Brausewetter (v. links) geraten sich sehr bald in diesem Lustspiel in die Haare, nämlich dann, als die ersten Damen das Junggesellenparadies ›entweihen‹.

frauliche Natürlichkeit faszinierten Regisseur Rühmann auch privat.

Mittlerweile hatte sich Rühmann auch seinen zweiten Wunsch erfüllen können: 1938 erwarb er für 100 000 Reichsmark direkt am Wannsee ein vierundzwanzig Meter langes, nach norwegischem Muster gebautes Holzhaus mit 5000 Quadratmetern Garten: uralte Ulmen, Kiefern und Buchenhecken. Es sollte Rühmanns private Fluchtburg in einer turbulenten Zeit werden. Bald ankerte auch am eigenen Anlegesteg ein Mahagoniboot mit Maybach-Motor – am Bug stand der Name ›Heinz‹. Und das Schöne daran: Nur fünf Minuten bis Babelsberg!

Jetzt fehlte nach der Scheidung von Maria, die ihn ab und zu noch besuchte, nur noch eines – eine Frau im Hause.

Nun war und ist Heinz Rühmann niemals ein Draufgänger oder Eroberer wie etwa der ›blonde Hans‹ Albers gewesen. Eine stürmische Liebe auf den ersten Blick war es also zu Hertha Feiler nicht.

Vielmehr hatte Rühmann es mehr einer seiner Eigenarten zu verdanken, daß er zu dieser Frau kam. Rühmann hatte oftmals kein Geld in seinen Taschen, und dann borgte er sich eben von dem, der gerade in Reichweite war, etwas aus.

So auch von dieser Hertha Feiler.

Doch die hatte nichts zu verschenken und erinnerte ihn dezent an seine Schuld. Worauf er sie zu einem Abendessen einlud, ihr sogar Rosen schenkte (was ihn selbst verwunderte), und sie auch überdies noch aufforderte, ihn in seinem Haus ›Am Kleinen Wannsee 25‹ zu besuchen.

Sie kam – und blieb, wobei anzunehmen ist, daß dieser Vorgang einige Wochen und Monate dauerte. Knapp kommentierte Rühmann dieses einmal so: »Sie beherrschte mein ganzes Denken und Fühlen.«

Am 1. Juli 1939 heiratete Heinz Rühmann Hertha Feiler vor dem Berliner Standesamt im Beisein seines Bruders Hermann. Die erste Hauptdarstellerin des Regisseurs Rühmann wurde seine zweite Ehefrau. Auch die Hochzeitsparty war ungewöhnlich: Heinz Rühmann saß zwischen seiner ersten Frau Maria und seiner nunmehr angetrauten zweiten Frau Hertha. Anschließend verbrachten sie herrliche Tage bei Freunden in Dänemark.

Dann aber brach der Zweite Weltkrieg aus, in Europa gingen die Lichter ausp seit 5 Uhr 45 wurde zurückgeschossen. Das neue

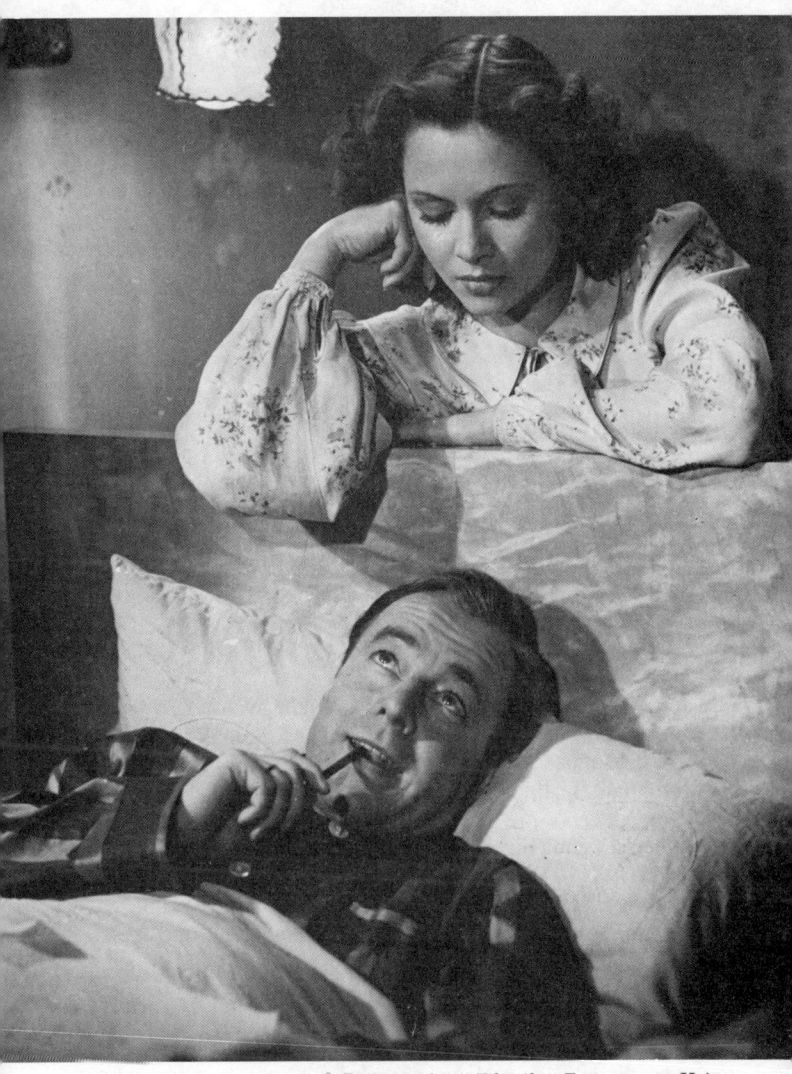

Eine glückliche Partnerschaft findet auch im Film ihre Fortsetzung: Heinz Rühmann und Hertha Feiler in ihrem gemeinsamen Film › Hauptsache glücklich‹ (1941), den Theo Lingen inszenierte.

Uraufführung von ›Der Gasmann‹ am 15.2.1941 im Ufa-Palast am Zoo in Berlin (v. r. n. l.: Ufa-Generaldirektor Klitsch, Bürgermeister Dr. Winkler, Heinz Rühmann, Joseph Goebbels).

Glück von Heinz Rühmann wurde schnell gestört. Er wurde Zielscheibe von Denunziationen aus dem Hinterhalt. Goebbels ließ eine disziplinarische Untersuchung anordnen, die vom Reichsfilm-Intendanten Hippler geleitet wurde. Als ›belastend‹ galt unter anderem:

Die erste Ehe mit einer Jüdin galt auch noch nach der Scheidung als Makel.

Der Versuch, seinen alten jüdischen Freund Otto Wallburg in Amsterdam zu besuchen, um ihm Lebensmittel und kleine Geschenke anderer Freunde illegal zuzustecken.

Seine konstante Weigerung, Mitglied der NSDAP zu werden.

Die unverschämte Geschmacklosigkeit, die erste jüdische Frau zur Hochzeit eingeladen zu haben, und noch mehr nicht-arische Freunde, die in seinem Hause verkehrten.

Und vor allem die auffällige Gewohnheit, nie ›Heil Hitler!‹ zu sagen.

›Der Mann, von dem man spricht‹ (1937). Dieser Mann ist Heinz Rühmann. Weitere Hauptrollen: Theo Lingen und Hans Moser. Im Bild: Heinz Rühmann, Heinz Salfner und Gusti Huber.

Zumindest der letzte Vorwurf stimmte im Prinzip nicht. Heinz Rühmann hat zumindest einmal ›Heil Hitler!‹ gesagt, und zwar so, daß es Millionen Menschen gehört und gesehen haben. Der Film, in dem das geschieht, heißt *Der Gasmann*, wurde 1941 gedreht und war ein Ehe- und Abenteuerlustspiel um einen plötzlich reichgewordenen Kleinbürger im Berliner Alltagsmilieu. Das Drehbuch stammte von Heinrich Spoerl, mit dem Rühmann auch bei Filmen wie *Wenn wir alle Engel wären* (1936) und *Die Feuerzangenbowle* (1944) als Drehbuchautor zusammenarbeitete.

Die besagte Szene im Gasmann: Rühmann kommt zu einer Frau, die ihre Gasrechnung nicht bezahlt hat. Er weist sie darauf hin, daß er nun wohl ihren Gashahn abdrehen müsse. Empört erwidert sie, sie würde alles ihrem großen Bruder erzählen, der bei der Partei sei und ihm sehr schaden könne.

Darauf sagt Rühmann, bloß in ironisch-schnarrendem Ton: »Na, denn! Heil Hitler!«

Zwar lösten diese vier Worte bei der Premiere große Heiterkeit beim Publikum aus. Nur nicht bei Rudolf Heß, dem ›Stellvertreter des Führers‹. Er ließ das respektlose ›Heil Hitler‹ aus allen erreichbaren Filmkopien herausschneiden, bevor der Film freigegeben wurde. Einige Kopien freilich entgingen dem Scherenschnitt. Und so kam es, daß es vom *Gasmann* zwei Versionen gab: mal mit ›Heil Hitler!‹ und mal ohne. Ein Kuriosum der deutschen Filmgeschichte.

Während die Untersuchung gegen Rühmann aus ›kriegswichtigen Gründen‹ – schließlich erheiterte er in den schweren Kriegsjahren ein ganzes Volk – eingestellt wurde, zogen sich über seinem Freund Ernst Udet drohende dunkle Wolken zusammen.

Lange bevor es soweit war, hatte Rühmanns Fliegerkamerad Udet die Verschärfung des Krieges erkannt und gewarnt. Immer wieder hatte er darauf aufmerksam gemacht, daß eines Tages das Fabrikationsband für die Flugzeuge abreißen werde. Doch vergeblich: Hitler und sein Reichsmarschall wußten alles besser! Bei einer entscheidenden Besprechung mit Hitler hatten ihn Göring und Milch schmählich im Stich gelassen, alle Schuld auf ihn abgewälzt und ihn einen Versager genannt.

Rühmann erlebte daraufhin einen Freund, wie er ihn bisher nicht gekannt hatte. Er war abweisend, schroff, sprach sehr wenig und trank viel, viel zuviel!

Als sie nach der Absetzung Udets als Generaloberst und Generalluftzeugmeister in dem von Göring zugewiesenen Haus in der Stalupöner Allee an der Heerstraße in Berlin zusammensaßen, sagte Udet zum Abschied nur: »Mach's gut, Kleiner, und entschuldige meine miese Stimmung!«

Zwei Tage später, am 18. November 1941, meldeten Rundfunk und Zeitung: ›Der Generalluftzeugmeister Generaloberst Udet erlitt am Montag, dem 17. November 1941, bei der Erprobung einer neuen Waffe einen so schweren Unglücksfall, daß er an seinen Verletzungen auf dem Transport starb. Der Führer hat für den auf so tragische Weise in Erfüllung seiner Pflicht dahingegangenen Offizier ein Staatsbegräbnis angeordnet.‹

Die Wahrheit sah anders aus.

Udet hatte sich gegen 9.00 Uhr früh erschossen. Neben ihm lag ein Zettel mit den Worten: ›Eiserner, Du hast mich verlassen!‹

Udets Freitod war für Rühmann ein schwerer Schock, der in vielfacher Hinsicht lange nachwirkte und ihn aufrüttelte. Unver-

*Millionen haben über den deutschen Lustspiel-Klassiker ›Die Feuerzangen-
bowle‹ (1944) gelacht. Bereits 1934 hatte Heinz Rühmann in dem Film ›So
ein Flegel‹ den Pennäler Pfeiffer gespielt.*

gessener Erni! Wochenlang war Rühmann recht ratlos, wurde noch schweigsamer und sagte die Proben zu *Pygmalion* im Berliner Staatstheater ab.

Es waren fürwahr keine schönen Zeiten in diesem ›Tausendjährigen Reich.‹ Wo waren die Zeiten, da noch relativ ruhig Filme gemacht werden konnten und man sich nicht jedes Wort dreimal überlegen mußte, das man sagte.

Angestrengt überlegte Rühmann, wie viele seiner Kollegen, wie aus dem immer enger werdenden ›Befehlsbereich‹ am besten herauszukommen wäre. Er stellte seine Antennen in alle Windrichtungen und fand im Abwehrchef Canaris eine geeignete Anlaufstation.

Ein gemeinsames Essen bei Horcher in Berlin bestätigte die Sympathien der beiden Männer füreinander. Dazu kam noch, daß Rühmann durch die Freundschaft mit Udet bei ihm bestens legitimiert war.

Bald darauf wurde Rühmann ›auf Zeit‹ in die Technische Kompanie einer Fliegerhorst-Kommandantur eingezogen.

Rühmann war in dieser Zeit einfacher Soldat unter seinesgleichen und lebte wie alle anderen in einer Baracke. Schon bald durfte er in seiner Freizeit wieder, was er eigentlich liebend gern wollte, fliegen!

So konnte er, was in diesem Krieg schon lange nicht mehr möglich war, nämlich die verschiedensten Typen vom Fieseler Storch, eine Heinkel-Kuriermaschine, eine Arado 96 und 79 pilotieren.

Für Rühmann waren es einige schöne Wochen, denn Göring war weit, und der liebe Gott da oben am Himmel ganz nahe.

Das freilich sollte sich bald ändern. Goebbels veranlaßte, daß Rühmann für die Deutsche Wochenschau als ›Kurierflieger‹ eingesetzt werde.

Die Szene war kurz, aber eindrucksvoll und sollte beweisen, daß sich prominente Künstler im Krieg in selbstlosester Weise für ›Führer, Volk und Vaterland‹ zur Verfügung stellten.

So kam es, daß er auf dem Flugplatz in Rangsdorf in der Fliegerkombination in eine Me 108 stieg, den Einsatzbefehl entgegennahm, artig salutierte und von einem Filmteam, das in einer anderen Maschine flog, gefilmt wurde. Dauer der ganzen Angelegenheit: nur wenige Minuten. Das war derselbe Flugplatz, von dem aus Oberst von Stauffenberg an jenem denkwürdigen 20. Juli

Nur ein einziges Mal hat Heinz Rühmann, der Sohn eines Gastwirts und Ho-teliers, im Film einen Kellner gespielt: ›Die Umwege des schönen Karl‹ (1938).

des Jahres 1944 ins Führerhauptquartier fliegen und auf dem er dann wieder landen sollte –, nachdem er seine Bombe abgelegt hatte. Doch wo Weltgeschichte stattfindet, können sich auch höchst profane Dinge ereignen.

Nach dem Krieg sollten die dort angefertigten Wochenschaubilder von ›allzu lieben Volksgenossen‹ den Besatzungsmächten als Belastungsmaterial für den Kriegseinsatz des ›Kurierfliegers Hauptmann Rühmann‹ vorgelegt werden.

Zwar wußte Rühmann noch nicht, wie sich alles im ›Tausendjährigen‹ weiterentwickeln würde, aber er spürte das nahende Unheil intuitiv. Er flüchtete sich in doppelte Arbeitsintensität.

Zuvor hatte er in den Hostiwar-Ateliers in Prag unter der Regie von Theo Lingen und mit seiner Frau Hertha Feiler, Ida Wüst, Hans Leibelt, Jane Tilden und anderen das Ehelustspiel *Hauptsache glücklich* (1941) gemacht.

Privat allerdings war er gar nicht so glücklich. Denn eines Tages erreichte die Rühmanns in Berlin ein Brief aus Wien. Da war auf vorgedrucktem Formular eine dick unterstrichene Standardformulierung zu lesen: ›Die Schauspielerin Hertha Feiler ist nicht als rein arisch zu betrachten.‹ Was im damaligen Rassejargon schlicht besagte: Sie war eine Vierteljüdin. Der erschreckte Heinz Rühmann vertraute sich dem befreundeten Regisseur Carl Froelich – mit dem er *Der Gasmann, Die Umwege des schönen Karl* und *Wenn wir alle Engel wären* gedreht hatte – an. Der setzte sich unverzüglich mit Hippler, dem Filmgewaltigen, in Verbindung, und der ging zu Goebbels.

Worauf der in seinem Bereich allmächtige Reichsminister entschied: »Diese Angelegenheit gilt als erledigt, bleibt aber unter uns. Es wird ersucht, darüber nicht zu reden.«

In diesen schweren Tagen, in dem ihm das Schicksal einen Nackenschlag nach dem anderen versetzte, drehte Rühmann als *Quax, der Bruchpilot* meist ohne Double seine Runden am Himmel.

Mittlerweile hatte auch ein ihm vorgelegtes Drehbuch sein großes Interesse gefunden. Diesen Film *Sophienlund* wollte er drehen – als Regisseur. Seine Bedingung, freie Hand bei der Wahl seiner Mitarbeiter, wurde ihm genehmigt. Als Darsteller gewann er den Star der Stummfilmzeit Harry Liedtke, der später zu Kriegsende mit seiner Frau von randalierenden und plündernden russischen Soldaten erschlagen werden sollte.

Heinz Rühmann in einer Paraderolle: als ›Quax, der Bruchpilot‹ in dem gleichnamigen Film aus dem Jahre 1941.

Sophienlund sollte schließlich einer der schönsten und verhaltensten Filme werden. Auch Käthe Haack, eine der Hauptdarstellerinnen, schwärmte noch mehrfach über den Regisseur Heinz Rühmann: »Er hat nie regiert, da war nie ein lautes Wort, da ging wirklich alles wie am Schnürchen.«

Während dieser Zeit hieß es auch bei Heinz Rühmann privat – so wie in dem 1939 gedrehten Film –›*Hurra, ich bin Papa*‹. Am 7. Juni 1942 brachte Hertha den Sohn Peter zur Welt.

Wenig später war Rühmann bei einem Künstlerkarneval besonderer Art dabei. Es blieb ihm nicht erspart, zum 50. Geburtstag von Hermann Göring – am 12. Januar 1943 – in Aktion zu treten. Der Festakt war im Preußischen Staatstheater in Berlin am Gendarmenmarkt. Alles war denkbar prunkvoll, und der Reichsmarschall saß mit seiner Frau Emmy in der Ehrenloge – im wahrsten Sinne des Wortes strahlender Mittelpunkt. Sonstige Spitzen von Partei, Staat und Wehrmacht, speziell der Luftwaffe, umringten ihn.

Offensichtlich hatte Göring selbst das Programm für seine Geburtstagsfeier zusammengestellt. Gustaf Gründgens als ›Hausherr‹ sorgte ›nur‹ für den Ablauf des Abends. Es begann mit einem Akt aus dem *Prinz von Homburg*, dann sang Margarethe Klose des Reichsmarschalls Lieblingsmelodie, die Gluck-Arie *Wär', o wär' ich nie geboren* – was doch gewiß sehr sinnvoll war. Den Abschluß bildete der letzte Akt von Shakespeares *Sommernachtstraum*. Die dafür aufgebotene Besetzung konnte sich sehen lassen: Gustav Knuth, Theo Lingen, Werner Krauss, Viktor de Kowa, Paul Bildt und eben Rühmann. Dabei zog der immer unbekümmerte Lingen den kuriosen Tod seiner Fantasiegestalt so endlos in die Länge, daß Rühmann improvisieren mußte. Krauss versuchte sich einzumischen, und Gustav Knuth mußte sich mit hochrotem Kopf und vor Lachen keuchend in die Kulissen retten.

Der Reichsmarschall applaudierte begeistert – ahnungslos darüber, daß soeben ein Karneval der Künstler allererster Rangordnung hier abgezogen worden war. Er bedankte sich auf seine Weise und schickte den Mimen stattliche Freßkörbe in die Garderobe – ein damals hochwillkommenes Geschenk.

In Schweden machte erstmals ein Ingmar Bergman von sich reden. In Deutschland entstand *Opfergang* von Harlan mit Kristina Söderbaum – bald darauf *Kolberg* ebenfalls von Veit Harlan und mit der Söderbaum.

Heinz Rühmann führt Regie. 1943 inszeniert er ›Sophienlund‹, eine Liebeskomödie der Terra, mit Harry Liedtke, Käthe Haack und Hannelore Schroth in den Hauptrollen. Der Mann an der Kamera: Willy Winterstein.

Marcel Carné gelang zugleich nach einem Drehbuch von Jacques Prévert *Die Kinder des Olymp*[1]. In den USA entstand unter der Regie des in Sucha (ehemals Österreich, heute Polen) geborenen und nunmehr überaus amerikanisch wirkenden ›Billy‹[2] Wilder, *Lost Weekend* (Das verlorene Wochenende, 1945).

In jenen Tagen geschah es auch, daß Dr. Joseph Goebbels Gast im Hause Rühmann war – zum ersten- und zugleich letztenmal. Der äußere Anlaß dafür war Carl Froelich, der Rühmann gebeten hatte, ihm sein Haus für seine Geburtstagsparty zur Verfügung zu stellen.

---

(1) Originaltitel: *Les enfants du paradis* (1944)
(2) in Deutschland ›Billie‹, in den USA ›Billy‹

Etwa zwanzig Gäste wurden erwartet. Anny Ondra, die Frau von Max Schmeling, mit der Heinz Rühmann unter Froelichs Regie in *Der Gasmann* gespielt hatte. Auch Zarah Leander kam – mit einem ihrer Lieblingskomponisten, Theo Mackeben. Außerdem erschienen die damals viel besprochenen vier Hofdamen aus dem *Maria-Stuart*-Film, zu denen auch Margot Hielscher gehörte.

Als Minister Goebbels in Begleitung von lediglich einem Adjutanten erschien, verkündete er als stimmungsförderndes Gastgeschenk: »London ist ohne Wasser und ohne Licht.« Doch so sehr sich Rühmann mit ihm in einer Art Fachgespräch über Mimik und Rhetorik angeregt unterhielt – wenig später machten die Nazis wieder Ärger.

Der Spoerl-Film *Die Feuerzangenbowle*[1] wurde durch den Reichsminister für Wissenschaft, Erziehung und Volksbildung (Rust) verboten. Seiner Ansicht nach machte der Film die Pädagogen lächerlich – und er habe bereits ohnedies Schwierigkeiten genug, Nachwuchs für den Lehrerberuf zu bekommen.

Zwar hatte auch bisher niemand bei den hohen Funktionären besonders viel Humor feststellen können, aber das brachte Heinz Rühmann, der sich lange Zeit sehr vorsichtig verhalten hatte, auf die Palme. Dieses Verbot wollte er keinesfalls stillschweigend hinnehmen, denn dieser Film war und ist ihm – nicht nur wegen der Erinnerungen an seine eigene Schulzeit – einer der liebsten. Es ist eigentlich kaum zu glauben, daß die Streiche des Pennälers Pfeiffer (»mit drei f – eines vor dem ei, und zwei hinterm ei!«) für die braune Leinwand wochenlang tabu waren. Denn es ist der vielleicht fröhlichste (»Jeder nur einen wänzigen Schlock . . .«) Rühmann-Film.

Hilfesuchend wandte er sich an Admiral Canaris, der ihm über Göring den Weg zu Hitler ebnen sollte. Über diesen Chef der Abwehr, der ein Kriegskamerad Görings und Udets war, hatte er auch den Film *Quax, der Bruchpilot*[2], gegen den auch schon geschossen worden war, damals bei Göring durchgesetzt. Der Film hatte dann die Prädikate ›künstlerisch wertvoll‹, ›volkstümlich wertvoll‹ und ›Jugendwert‹ erhalten.

Er spielte insgesamt fünf Millionen Mark ein, das heißt also, mehr als *Heimkehr* und ebensoviel wie . . . *reitet für Deutschland*.

(1) 1944
(2) 1941

Der widerspenstige Schüler verliebt sich ausgerechnet in die Tochter seines Schuldirektors (Karin Himboldt): ›Die Feuerzangenbowle‹ (1944).

Der Film enthielt eine Menge an präziser Information über das Fliegen und dessen Zielsetzung im Deutschland von damals. Der zunächst kopflose und widerborstige Quax wird bald zu jemandem, der die Autorität schätzt und preist. Am Schluß bringt der Film ein Lied, das auch heute noch gesungen wird: *Heimat, deine Sterne.* (Nach dem Krieg war dieser Streifen gemäß der Entscheidung der Alliierten Militärregierungen in Deutschland zur Vorführrung verboten.)

Jetzt aber hatte die Sache einen Haken. Göring war im Führerhauptquartier Wolfschanze im ostpreußischen Rastenburg.

Tatsächlich erhielt Rühmann die Erlaubnis zum Besuch des Führerhauptquartiers. Noch in derselben Nacht war er mit einer Kopie des Films unterm Arm unterwegs nach Rastenburg.

Die Offiziere staunten nicht wenig, als sie im Kasino neben den

Heinz Rühmann und Hans Leibelt in ›Die Feuerzangenbowle‹ (1944).

zahlreichen goldbetreßten Generälen den bekannten Komödianten Rühmann sahen. Denn immerhin war die militärische Lage im Jahre 1943 alles andere als rosig.

Ein Adjutant Görings nahm ihm die Kopie ab und versprach für den nächsten Tag eine Entscheidung.

Einige Szenen prägten sich Rühmann unauslöschlich ins Gedächtnis ein. Wie aus dem Boden gewachsen stand plötzlich ein SS-Posten vor ihm und verwies auf das Schild *Wer vom Weg abgeht, wird erschossen*. Mit den Worten »Verlaufen Sie sich bitte nicht, Herr Rühmann!« entließ er den prominenten Filmstar in die Unterkunft.

Rühmann sah auch in einiger Entfernung in einem nochmals mit Stacheldrahtrollen gesicherten Viereck einen Mann: schleppender Gang, gebückte Haltung, begleitet von einem Schäferhund. Es war Hitler, aber es war nicht der Hitler, den das Volk kannte, und wie Rühmann ihn Jahre zuvor erlebt hatte.

Der Schauspieler während der Sammelaktion zum sogenannten ›Tag der nationalen Solidarität‹ bei Hitler in der Berliner Reichskanzlei, 1937 (rechts: SS-Brigadeführer Julius Schaub).

Damals hatte Rühmann mit Kollegen für das Winterhilfswerk gesammelt. Daraufhin wurde er zum Führer gerufen, im Klartext also befohlen. In der Reichskanzlei ging Hitler mit breitem Lächeln – Foto – auf Rühmann zu, drückte ihm – Foto – die Hand, sie lächelten sich – Foto – an. Worauf Hitler – abermals Foto – einen Hundertmarkschein in Rühmanns Sammelbüchse steckte, ihm wieder die Hand drückte – noch ein Foto – und ihn anschließend verabschiedete.

Verständlich, daß jetzt die Atmosphäre in dieser kriegerischen Umgebung auf Rühmann gespenstisch und beängstigend wirkte.

Am nächsten Morgen konnte Rühmann die Kopie beim Adjutanten Görings abholen und erfuhr: »Das geht in Ordnung! Der Reichsmarschall hat sich den Film angesehen und darüber mit dem Führer gesprochen.« Der soll lediglich gefragt haben: »Ist dieser Film zum Lachen?« Worauf Göring versichert habe, daß er sogar mehrmals darüber habe lachen müssen. Darauf Hitler: »Dann ist dieser Film unverzüglich freizugeben!«

Erleichtert verließ Heinz Rühmann das Führerhauptquartier und kehrte nach Durach bei Kempten zurück, wo die Dreharbeiten zum zweiten *Quax*-Film im Gange waren.

Kaum dort angekommen, trudelte auch schon eine Anfrage des Propagandaministeriums, sprich, des sich übergangen fühlenden Minister Goebbels, ein.

Ob er – Rühmann – denn wüßte, durch welche Umstände es zur Aufhebung des *Feuerzangenbowle*-Verbots und zur Freigabe des Films gekommen sei?

Mit der schönsten Scheinheiligkeit mußte Rühmann bedauern und ›leider‹ verneinen.

Das Ende – und ein neuer Anfang

In diesen Jahren gab es kaum noch etwas zu lachen. Auch für Schauspieler nicht, die so wie Heinz Rühmann dazu verpflichtet waren, für Humor und Heiterkeit zu sorgen. Unter der Regie von Kurt Hoffmann drehte er mit Lil Adina, Paul Dahlke, Werner Fuetterer und Else von Möllendorff die Abenteuergroteske *Ich vertraue dir meine Frau an*[1] und führte bei der Liebeskomödie *Der Engel mit dem Saitenspiel*[2] Regie. Hauptdarsteller waren Hertha Feiler und Hans Söhnker.

Bei den Dreharbeiten zu *Quax in Fahrt* – der nicht mehr zur öffentlichen Vorführung gelangte, war Hertha Feiler seine Kopilotin und Helmut Weiß Regisseur. Auch gegen ihn gab es unhaltbare Anschuldigungen wegen angeblicher Wehrkraftzersetzung.

Aber wer war in dieser Zeit schon frei von Verdacht und noch ganz bei der Sache? Einen lustigen Fliegerfilm drehen, während fast jede Nacht Bombergeschwader über Deutschland ziehen? Jede Nacht mußte das Filmteam die Flugzeuge auf dem Platz sorgfältig tarnen, damit sie nicht Ziel eines Angriffs wurden.

Die allgemeine Situation wurde immer brenzliger. München brannte. Rühmann riskierte sein Leben und flog Beppo Brem mit der ihm zur Verfügung gestellten Arado 79 nach Oberwiesenfeld, da dessen Vater bei einem Luftangriff schwer verletzt worden war.

Möglichst unbeschadet alles überstehen – das war die Devise. Ende 1944 waren fast alle Filmproduktionsgruppen aufgelöst worden. Die Alliierten Truppen hatten zum Teil schon die alten deutschen Reichsgrenzen überschritten, und Rühmann schlug einem leitenden Herrn der Organisation Todt einen heiteren OT[3]-Film vor. Er wollte dem Zugriff des Volkssturms – wie einige andere Kollegen auch – entkommen. Mit Regisseur Helmut Weiß, Kameramann Ewald Daub und einem jungen Schauspieler – insgesamt etwa zwölf Mann – konnte Rühmann wenige Tage später mit Recht sagen: »Bedauern sehr, sind bereits kriegsdienstverpflichtet!«

(1) 1943
(2) 1944
(3) OT = Organisation Todt

Alle wurden eingekleidet, in verschiedene Ränge eingestuft, und Rühmann als Chef der Truppe erhielt Majorsrang. Der OT-Gönner hatte für Fahrzeuge und ausreichend Benzin gesorgt. Der *Hauptmann von Köpenick* warf seine Schatten voraus – das Abenteuer konnte beginnen.

Ziel des Aufnahmeteams war ein Dorf in der Nähe von Frankfurt an der Oder. Gegenüber, in gar nicht allzuweiter Ferne, waren die russischen Stellungen. Die OT-Leute waren begeistert, die Filmerei war für sie eine willkommene Abwechslung in der monotonen Buddelei. Der Ortsgruppenleiter des Dorfes ging den Filmleuten freudig zur Hand und trieb seine Männer in völliger Verkennung der wahren Absichten des Filmteams zur Eile an.

Denn Rühmann und sein Team wollten in diesen Tagen nur eines – Zeit gewinnen, viel Zeit sogar. Jede Szene wurde wieder und wieder gestellt, bis sie anscheinend zufrieden waren. Immer und immer wieder nahm die Kamera die gleiche Einstellung auf, kurbelte der Kameramann wie ein Besessener – das allerdings alles ohne Filmmaterial im Kasten.

Darüber verging die ersehnte Zeit und mittlerweile war es Februar 1945 geworden. Die Front kam bedrohlich näher, der Zusammenbruch war längst unausbleiblich.

Als die russischen Truppen die Reichshauptstadt erreichten, war auch Rühmann wieder in Berlin. In seinem Haus am Wannsee wollte er die Katastrophe überleben. Bei den Rühmanns war auch einige Wochen Hans Söhnker zu Gast, weil er ausgebombt worden war. Die meisten Schauspielerfreunde hatten Berlin verlassen, der Geschützdonner dröhnte bedrohlich, lange konnte der Spuk also nicht mehr dauern.

Nicht nur in diesen Tagen erschien Rühmanns letzter offizieller Film der ›Tausendjährigen Epoche‹ *Sag die Wahrheit*[1] wie bittere Ironie. Dieser Film, der wegen der Kriegswirren nicht fertiggestellt wurde, mag vielen sehr bekannt vorkommen, denn er wurde zu einem der ersten großen deutschen Nachkriegserfolge. Exakt nach der gleichen Vorlage gedreht – doch diesmal ohne Heinz Rühmann. Mittlerweile warteten Rühmann und Hertha Feiler mit dem knapp dreijährigen Sohn Peter auf das Ende der Kämpfe im Keller

---

(1) Bei Kriegsende war der Film unter der Regie von Helmut Weiß zu dreiviertel abgedreht (Hauptrollen Heinz Rühmann, Hertha Feiler und Susanne von Almassy). Der Film wurde nach Kriegsende von Studio 45 unter dem gleichen Titel neu gedreht. Regie ebenfalls Helmut Weiß, Hauptdarsteller Gustav Fröhlich, Mady Rahl und Ingeborg von Kusserow (1946).

ihres Hauses. Statt dessen sollten sie aber erst beginnen. Ein Leutnant erschien mit einem bunt zusammengewürfelten Haufen ›Endkampfkrieger‹ aus allen Truppengattungen, verschanzte sich in Rühmanns Haus und Garten und erklärte: »Wir sind die HKL – die Hauptkampflinie.« Und dann fragte der Leutnant noch: »Ist Ihr Keller sicher, denn hier wird sich vermutlich noch einiges abspielen.«

Und ›einiges‹ spielte sich dann auch in der Tat alsbald ab.

Zuerst begannen diese Soldaten in Rühmanns Rasen Schutzlöcher anzulegen und durch die Blumenbeete Laufgräben zu buddeln. Rühmann brachte ihnen still und verständnisvoll noch Wein aus seinem Keller in den Garten – wie später einer der Soldaten berichtete. Zwei Tage lang blieb die Truppe in vorderster Stellung. Am 27. April 1945 abends wurden sie abgezogen. Tags darauf rauschten russische Stalinorgeln auf das hübsche Haus am Kleinen Wannsee nieder. Der Keller, in dem sich die Rühmanns

Mit Lil Adina 1943 in ›Ich vertraue dir meine Frau an‹.

verkrochen hatten, erzitterte. Es waren endlos lange Stunden voller Hitze, Gedröhn, Staub und Todesangst.

Um dieses leidige Kapitel kurz zu machen: Einige hundert Häuser umstanden damals den Kleinen Wannsee – doch allein das Rühmann-Haus wurde vernichtet. Es brannte bis auf das Fundament nieder. Die Rühmanns flüchteten auf ein Nachbargrundstück. Später kehrte der einst so stolze Hausbesitzer auf sein verwüstetes, qualmendes Grundstück zurück und prüfte, was noch übriggeblieben war: so gut wie nichts. Nichts weiter als eine Ruine unter etlichen hunderttausend anderen, die dieser brutale Krieg hinterlassen hatte. Zwar hatte der sichere Keller die Familie vor dem Tod bewahrt, aber nicht vor der Angst. Man erfuhr, was mit Männern, was mit Frauen und Kindern geschehen war. Hertha Feiler hatte sich die ältesten Kleider angezogen und sich mit der letzten Schminke als Bauersfrau zurechtgemacht. Der kleine Peter war bei ihr.

Heinz Rühmann wartete indes auf den Tod. Er und dreißig andere Männer waren von russischen Besatzungssoldaten zusammengetrieben, in irgendeinen Keller hineingestoßen und zu Geiseln erklärt worden. Am nächsten Tag sollten sie hingerichtet werden – wer zu fliehen versucht, wird gleich erschossen!

Es war eine unendlich lange, angstvolle Nacht. Rühmann lag, eingerollt wie ein Embryo, auf einer Kiste und konnte vor Furcht nicht schlafen. Die Menschen um ihn im dunklen Keller herum waren stumm und wie erstarrt. Mit dumpfen Gedanken dämmerten und dösten sie dem Morgen entgegen. Bis von der Treppe her plötzlich eine Stimme rief: »Ihr könnt alle rauskommen – sie sind nicht mehr da!«

Die Männer erhoben sich taumelnd. Rühmann suchte Hertha und den Jungen, fand sie aber nicht. Verzweifelt suchte er überall. Dort wo sie voneinander getrennt worden waren, waren sie auch nicht mehr. Stundenlang irrte er herum.

Endlich hatte er sie entdeckt: Hertha versuchte vergeblich, ihn zaghaft anzulächeln. Peter, der kleine Sohn, spielte in glücklich kindlicher Ahnungslosigkeit mit Holzklötzchen. Ein Idyll mitten im Inferno.

Deutschland versank im Chaos, die totale Verzweiflung herrschte überall. Schutt und Asche, rauchende Ruinen, kaum Verpflegung – es schien ein Leben ohne Zukunft zu sein.

Schließlich kamen die Rühmanns notdürftig in einer Baracke

unter. Dort stöberte sie eines Tages ein russischer Major auf.

Und es ist kaum zu fassen: dieser Mann, der als Kriegsgefangener in einem deutschen Lager Rühmann-Filme gesehen hatte, machte sich in dieser Zeit Gedanken, wie er den in Berlin verbliebenen Künstlern zu neuer beruflicher Tätigkeit verhelfen könnte. Rühmann nannte Namen von Kollegen, die in Berlin geblieben waren: Hans Söhnker, Erich Engel, Eberhart Klagemann, Werner Fuetterer.

Im ›Haus der Kultur‹ der Sowjetunion las Rühmann kurz darauf Gogols köstlich-ironische und fantastische Geschichte *Die Nase* vor. Bald veranstaltete er in einem anderen Haus am Wannsee zwischen Kisten und Koffern ›bunte Abende‹. Dort wurden Gedichte von Rilke, Ringelnatz und Morgenstern vorgetragen, und die andächtig lauschenden Zuhörer waren dankbar und froh über diese Abwechslung im tristen Alltag.

»Ohne meine Frau«, sagte Heinz Rühmann später oft, »hätte ich diese Zeit nicht überstanden – und auch nicht die kommende.« Sie sollte für ihn Armut und Vergessenheit bereit haben.

Zunächst allerdings erinnerte man sich seiner sehr genau. Rühmann geriet an einen der besten britischen Vernehmungstaktiker, einen gewissen Captain Sealey. Dieser Sealey hatte eine Menge Fragen zu klären, zum Beispiel: War nun Rühmann ein Nazi oder nicht? Dabei ließ dieser Vernehmungsoffizier nicht den allergeringsten Hinweis auf eine mögliche Belastung außer acht – er sammelte Dokumente, befragte Zeugen und angebliche Zeugen und veranstaltete Kreuzverhöre. Dieser Captain Sealey nahm sich jeden Vorwurfs mit großer Geduld und ebensolcher Akribie an. Dabei blieb er immer britisch kühl, höflich und äußerst korrekt.

Da existierte unter anderem in Karlsruhe eine Frau, die steif und fest behauptete, Rühmann als schneidigen ›Endsieg-Offizier‹ erlebt zu haben. Oder ein Bühnenarbeiter des Wiener Burgtheaters wollte bezeugen, Rühmann als besonders ›scharfen‹ Kompaniechef erlebt zu haben.

Obgleich Heinz Rühmann diesen Sealey damals innerlich vielfach verfluchte, wußte er kurze Zeit später, daß er diesem Briten eigentlich dankbar sein mußte – aufgrund dieser langwierigen Untersuchungen und Vernehmungen wurde er von zwei Spruchkammern – einer alliierten und einer deutschen – von allen Vorwürfen freigesprochen. Rühmann stand wieder makellos vor aller Welt da.

Filme wurden damals in Deutschland nicht produziert. Und die wenigen Theater, die etwa in Berlin übriggeblieben waren, standen fast ausschließlich den Siegermächten zur Verfügung.

Nun konnte Rühmann eigentlich nie untätig herumsitzen. So trommelte er eines Tages einige Leute zusammen. Gemeinsamer Beschluß: Wir gehen auf Tournee! Wie völlig selbstverständlich wählte er für dieses Unternehmen ›seinen‹ *Mustergatten*. Beim Schrotthandel wurden drei alte Wagen organisiert, die Kostüme eigenhändig zusammengenäht. Und plötzlich war auch – weiß der liebe Gott, woher – kostbares Benzin vorhanden.

Zu diesem allerersten deutschen Nachkriegsensemble gehörten Alexa von Porembsky, Werner Fuetterer, Hertha Feiler, Harald Sawade und Ingrid Lutz. Diese Ingrid Lutz spielte im *Mustergatten* jene Zofe, die mit dekorativen Blößen möglichst herausfordernd über die Bühne zu schreiten hatte – sie war damit so eine Art vorzeitige Sexbombe.

Für die Tournee hatten die Schauspieler die Altmark gewählt, weil sie sicher sein konnten, sich dort satt essen zu können. Viel Bargeld ging bei diesen oft ausverkauften Abenden in den spärlich beheizten ehemaligen Tanzsälen natürlich nicht ein, dafür aber um so mehr an Naturalien.

Denn wohin sie auch kamen – sie wurden mit offenen Armen aufgenommen. Die Menschen genossen die Fröhlichkeit, und die Schauspieler mit ihnen. So kam unter anderem die Mutter eines gefallenen Soldaten nach der Vorstellung zu Rühmann und sagte, daß sie an diesem Abend seit dem Tod ihres Sohnes zum erstenmal wieder gelacht habe.

Allein schon wegen der beiden attraktiven Damen Ingrid Lutz und Bruni Löbel fanden sich regelmäßig in den ersten Reihen russische Besatzungsoffiziere ein. Einige von ihnen, obgleich sie in der ersten Reihe saßen, sogar mit Ferngläsern und Lupen! Nach jeder Vorstellung drängten die Verehrer: »Mit Stubenmädchen ausgehen!« Ingrid bedauerte, und die Kollegen ließen durchblikken, sie sei bereits verabredet und zwar mit einem höheren Offizier. Das wirkte fast immer. Aber beim Gastspiel in Gera hatten sich bereits regelrechte Rivalengruppen gebildet, und die zogen ihre Schießeisen und knallten aufeinander los.

Die Tage des ›Wanderzirkus Rühmann‹ schienen gezählt.

Aber ein sowjetischer Offizier sprach lediglich sein Bedauern über diesen Vorfall aus. Vorsorglich aber zog sich die Truppe nach

Berlin zurück. An der Zonengrenze, auf der Glienicker-Brücke, kurz vor Potsdam, studierte ein Posten sehr eingehend die Papiere und fragte: »Wo ist Direktor?«

Rühmann meldete sich. Der Posten musterte den kleinen, unscheinbaren Heinz, der sich aus seinem Auto hinauslehnte, und fragte: »Du auch Artista?« Rühmann bejahte. Darauf der russische Posten: »Dann komm raus – tanzen!«

Rühmann stieg aus, doch nur um zu versichern, daß er Schauspieler sei und kein Tänzer.

Das Mißtrauen wuchs: »Wenn du nix tanzen, du nix Artista!«

Doch mit einem Rühmann war so etwas nicht zu machen. Weder hatte er vor einem Reichsmarschall parodiert, noch würde er jetzt vor einem russischen Wachposten tanzen! Vorgespielt hätte er ihnen sicher gern etwas. Es verging eine gute Stunde – dann durfte die Truppe passieren, nicht ohne einen letzten verächtlichen Blick des waffenbewehrten Mannes auf den Nichttänzer Rühmann: »Du« – und sein Zeigefinger bohrte ihn förmlich an – »nix Artista!«

Nach dieser Tournee trat Rühmann im Mai 1947 in einem Berliner Kinotheater wieder als *Mustergatte* auf. Mehr als hundert Vorstellungen, abermals mit Bruni Löbel, Ingrid Lutz, Carola Höhn, Harald Sawade und Werner Fuetterer, begeisterten das Berliner Publikum.

Im Sommer 1947 gab es auch ein Wiedersehen mit Marlene Dietrich im Beisein von Hubert von Meyerinck. Sie war herzlich wie eh und je, so als hätten sich die beiden erst gestern zum letztenmal gesehen. Und sie empfahl Rühmann eine Rolle in dem Lustspiel *Mein Freund Harvey*, das in Amerika mit andauerndem Erfolg gegeben wurde. Das Lustspiel von Mary Ellen Chase war ein glänzender Tip – aber bis dahin sollten noch Jahre vergehen.

Eine seiner vielen Gastspielreisen führte Rühmann über Leipzig nach Weimar, von dort nach Saarbrücken, Nürnberg, und Endstation war München. Jene Stadt, in der er seine Karriere begonnen hatte und in der er nun fast aus dem Fach zu schlagen drohte.

Ein möglichst neuer, deutscher Film hatte seine große Chance und damit auch Rühmann. Ein Mann namens Alf Teichs schien sie mit amerikanischer Lizenz zu bieten. Teichs, einstiger Terra-Produktionschef, und Rühmann waren alte Bekannte.

Jetzt tauchte er mit der Lizenz in der Hand bei Rühmann auf und schlug vor: »Machen wir halbe-halbe.«

So gründeten beide die Filmfirma ›Comedia‹. Zwei Masken,

Eine satirische Komödie um die kleinen und großen Probleme unseres Erdenlebens entstand 1948 mit dem Film ›Der Herr vom anderen Stern‹: Hilde Hildebrand, Heinz Rühmann.

eine lachende und eine weinende, waren das Firmenzeichen. Teichs war geschäftsführender Direktor, Rühmann künstlerischer Leiter, das Produktionszentrum die Bavaria-Ateliers in München-Geiselgasteig.

Ehefrau Hertha Feiler war die einzige, die von dem Vorschlag, in dieser Art schon bald wieder Filme zu machen, nicht begeistert war.

Rühmann später einmal: »Sie kannte mich, sie wußte, daß ich kein Chef war, der finanziell mitverantwortlich sein konnte. Ich aber, von Hoffnungen und Wünschen hin und her gerissen, hörte leider nicht auf sie.«

Mit Feuereifer ging Rühmann an seine Aufgabe heran – gleich der erste Filmstoff war dankbar und schwierig zugleich. Die Nachkriegszeit sollte am Beispiel eines Mannes, eines Otto Normalverbrauchers, gezeigt werden. Dieser Mann wurde von der Produktion gefunden, war spindeldürr und hieß Gert Fröbe.

Alf Teichs und Günter Neumann schrieben das Drehbuch.

Unter dem Titel *Berliner Ballade,* gestaltet von R. A. Stemmle, kam der Film am 31. 12. 1948 auf den Markt und wurde von der

Kupferne *Hochzeit*

mit

Hertha Feiler · Hans Nielsen · Bum Krüger · Ally Bovath · Peter Pasetti · Erich Ponto

1948 führte Heinz Rühmann wieder einmal Regie. Bei der Premiere am 17. Dezember 1948 in den Luxor-Lichtspielen in Frankfurt/Main stellt sich das Ehepaar Feiler-Rühmann den Fotografen. Im Hintergrund das Filmplakat mit Albert Florath und Bum Krüger.

Kritik begeistert aufgenommen. Auch vom Berliner Publikum. Dort wurde der Film ein Bombenerfolg. Nur die Kinobesucher in den anderen Teilen Deutschlands konnten mit dem Film nichts anfangen.

Aber Rühmann und Teichs gaben so schnell nicht auf. Sie ließen den *Herrn vom anderen Stern* (1948) in den deutschen Kinos landen.

Diesmal war die Handlung noch komplizierter und die Musik von Werner Egk nicht minder. Diesmal ließ sich auch das Berliner Publikum nicht blicken – trotz Heinz Rühmann in der Hauptrolle.

Peng – Pleite Nummer zwei!

Dann versuchte Heinz Rühmann als Regisseur das Blatt zu wenden. Es entstand *Die Kupferne Hochzeit* (1948) mit Hertha Feiler in der Hauptrolle. Aber dieser Film fand ebenfalls keinen Anklang. Rühmann und Teichs gaben noch immer nicht klein bei. Es folgte *Das Geheimnis der roten Katze* (1949) – obwohl es längst schon kein Geheimnis mehr war, daß die Comedia der Pleite entgegenschlitterte. Auch der nächste Streifen *Ich mach dich glücklich* (1949) hielt in keiner Weise Wort. Nun war der Ofen endgültig aus. Die Währungsreform hatte der Comedia, deren Teilhaber Rühmann war, den Rest gegeben. Die Firma hörte auf zu existieren, ging in Konkurs.

Was blieb, waren horrende Schulden, die Rühmann sieben Jahre lang oft um den Schlaf brachten. Aber das wäre noch nicht das Schlimmste gewesen, obgleich es schon schlimm genug war. Dieser finanzielle Mißerfolg wurde aber auch als Niederlage des Schauspielers Heinz Rühmann bewertet. Er war nicht mehr gefragt, wurde abgeschrieben, auch die Presse kümmerte sich nicht mehr um ihn. Er war verfemt, verschuldet und vergessen.

»Aber noch schmerzlicher«, bekannte Rühmann in Erinnerung an diese schwere Zeit, »war das Verhalten einiger Freunde. Sie waren plötzlich wie vom Erdboden verschluckt – so, als hätte es sie nie gegeben.«

Diese menschlichen Enttäuschungen waren es auch, die Rüh-

Oben: Heinz Rühmann 1949 mit Otto Matthies (l.) und Gustav Knuth in ›Das Geheimnis der roten Katze‹. Helmut Weiß führte Regie in dieser Abenteuergroteske, die im Ganovenmilieu spielt.
Unten: ›Ich mach dich glücklich‹. Hertha Feiler und Heinz Rühmann standen in der 1949 gedrehten Filmkomödie erneut gemeinsam vor der Kamera.

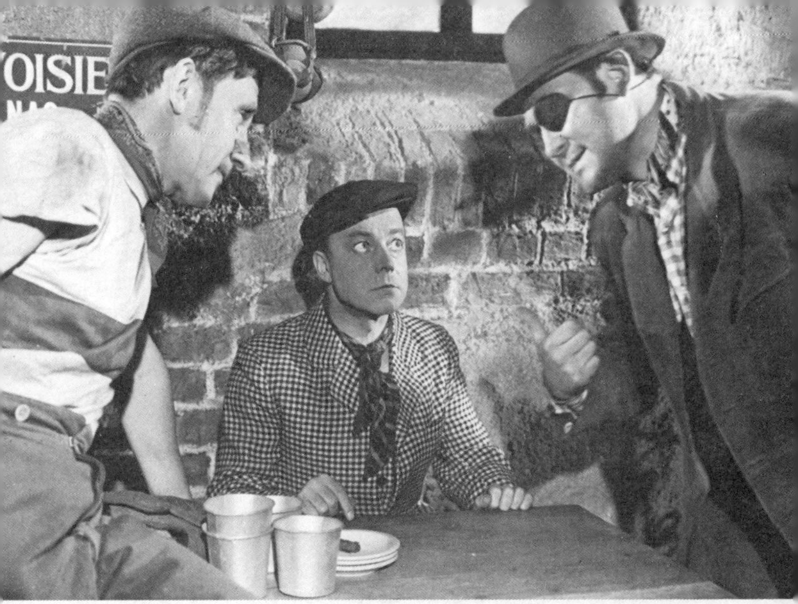
OISIE

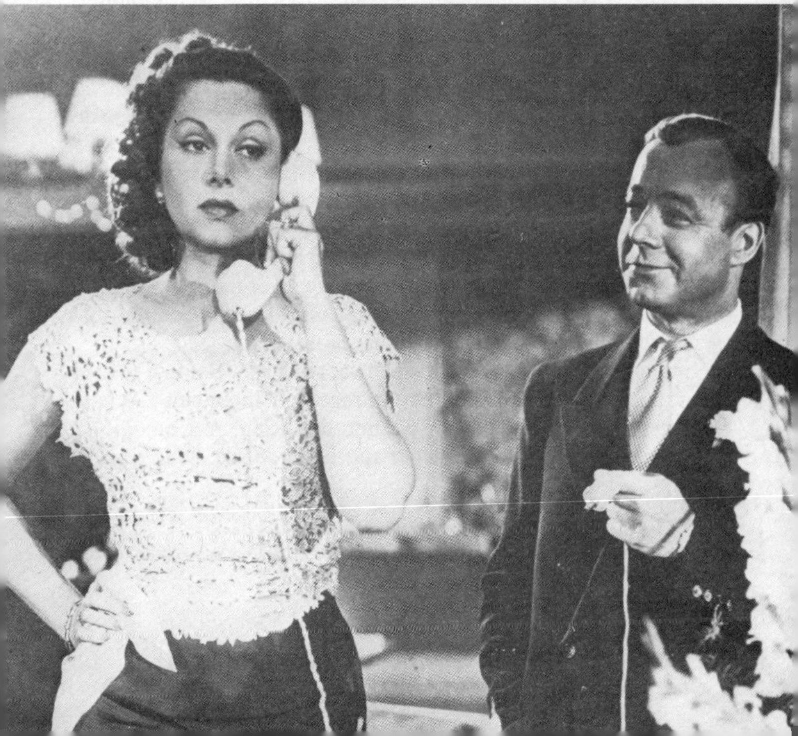

mann – wie schon einige Male zuvor, besonders hart trafen und ihn veränderten. Wenn ihm heute von vielen Seiten Unnahbarkeit vorgeworfen wird, so sind die Wurzeln dieses Verhaltens gewiß in jenen Jahren zu suchen. Zu sehr, zu oft ist er damals verletzt und bitter enttäuscht worden.

Heinz Rühmann saß nun mittendrin in dieser Finanzkatastrophe. Denn – mitgegangen, mitgehangen – er mußte die Hälfte aller gemachten Schulden bezahlen. Sein mit weitem Abstand häufigster Gast war fortan der Gerichtsvollzieher, der in diesen bittersten Stunden zweimal wöchentlich zum Kassieren kam. Viel war es nicht, aber schließlich mußte der gute Mann seine Pflicht tun. »Nun, Herr Rühmann, was haben Sie mir denn heute zu bieten?« pflegte er freundlich, ja geradezu nachsichtig zu fragen.

Rühmann zahlte, zahlte und zahlte – sieben volle Jahre lang. Es war eine schlimme Zeit, wenn man bedenkt, daß die Filmbranche von ihm nichts mehr wissen wollte.

Es sollte quälend lange dauern.

In jenen Jahren entstanden Filme wie *Don Camillo und Peppone, Moulin Rouge* und Chaplins *Rampenlicht* sowie *12 Uhr mittags, Die Wüste lebt* und *Das Gewand*[1]. Der Film wurde bunter, breiter und auch lauter.

Das Fernsehen gewann zusehends an Bedeutung.

Aus Italien kamen Filme wie *La Strada*, aus Amerika *Die Faust im Nacken* und *Die tätowierte Rose*. Aus Frankreich Jules Dassins geradezu genialer Gangsterfilm *Rififi*[2].

Heinz Rühmann aber war so gut wie kaltgestellt – es war so, als ob er wieder ganz von vorne anfangen müsse.

Es zeigte sich aber, daß Rühmann doch noch nicht ganz aufgegeben hatte. Ein Beispiel: Rühmann bekam ein verlockendes Angebot aus Argentinien und schlug es aus. Denn er mochte sich nicht von Deutschland, seiner Muttersprache und – trotz aller Erfahrungen – auch nicht von seinem Publikum trennen.

Er glaubte fest daran, daß es so etwas noch gab. Bald sollte er es merken. Unverhofft kam eine Anfrage von Intendant Gerhard Metzner, dem Gründer und Leiter der Kleinen Komödie in München. Die Rolle, die ihm hier angeboten wurde, kannte er: Es

(1) Originaltitel: Le petit monde de Don Camillo (1952); Moulin Rouge (1952); Limelight (1952); High Noon (1952); The Living Desert (1953) und The Robe (1953)
(2) Originaltitel: La Strada (1954) On the Waterfront (1954); The Rose Tattoo (1955) und Du Rififi chez les hommes (1954)

›Keine Angst vor großen Tieren‹ hatte Heinz Rühmann in dem gleichnamigen Lustspiel. Ein ›kleiner Mann‹ überwindet seine Angst und erreicht dadurch die Erfüllung seiner Wünsche. Ideales Betätigungsfeld für Heinz Rühmann. Der Film entstand 1955.

war das Textbuch, auf das ihn Marlene Dietrich hingewiesen hatte – *Mein Freund Harvey.*

Rühmann lebte sichtlich auf, der Bann war gebrochen, das Theater hatte ihn wieder. Es folgten Gastspiele in Wien, wieder mit dem *Mustergatten* in der Rolle des Billy, und in der Josefstadt mit Hertha Feiler in dem immer erfolgssicheren Strohwitwer-Lustspiel *Meine Frau erfährt kein Wort.*

Und in Berlin, wo er seine größten Triumphe, aber auch seine dunkelsten Stunden erlebt hatte, kannte der Jubel keine Grenzen. Hier spürte Ruhmann deutlich, daß er noch nicht ›zum alten Eisen‹ gehörte. 1952 wurde ein entscheidendes Jahr für ihn. Er wurde fünfzig, und Filmproduzent Walter Koppel aus Hamburg bot ihm die Hauptrolle in der Produktion der neugegründeten Real-Film-Gesellschaft *Keine Angst vor großen Tieren* an.

Es war die oft zitierte Chance.

Rühmann nahm an, denn die dicken Schlagzeilen in Zeitungen und Illustrierten (*Rühmann ist erledigt!* oder *Ein Star verläßt die Bühne!*) mußten endlich widerlegt werden. Rühmann reizte auch die Rolle. Er spielte einen kleinen getretenen Angestellten, der eines Tages eine komplette Löwengruppe erbt. Ulrich Erfurth, der Regisseur, entsinnt sich an den recht verschlossenen und kontaktscheuen Hauptdarsteller: »Er schluckte alles in sich hinein, und manchmal wußte er wirklich nicht, ob er lachen oder ein ernstes Gesicht machen sollte.«

Ein paarmal versuchte der Regisseur Rühmann aufzuheitern, stupste ihn an und forderte: »Nun lach doch endlich mal!« Aber

Zwei Spaßmacher und Publikumslieblinge des deutschen Films: Heinz Rühmann und Grethe Weiser.

In ›Keine Angst vor großen Tieren‹ (1955) dreht der liebenswerte Zeitgenosse Emil Keller den Spieß einmal um. Der geltungsbedürftige Preisboxer Schimmel muß sich von dem frisch verliebten und zirkusverrückten Emil allerhand gefallen lassen: Gustav Knuth und Heinz Rühmann.

Heinz Rühmann versuchte sein berühmtes Lächeln, bei dem man nie genau weiß, ob es traurig oder fröhlich ist. Ganz still und klein stand er vor ihm und erwiderte nur leise: »Sie sind halt ein anderes Temperament.«

Richtig lachen konnte er erst während einer unprogrammgemäßen Szene, mitten im Löwenkäfig, den Dompteur immer zwei Meter hinter sich. Für den Kameramann, dessen Hand ja nicht zittern durfte, hatte man einen Extrakäfig gebaut, wo er sich auch völlig sicher fühlte. Doch einer der Löwen zeigte sich überaus ungnädig und ließ einem dringenden Bedürfnis ausgiebig freien Laut – genau auf den Kameramann, der aus seinem Sonderkäfig nicht heraus konnte.

117

Die dritte Karriere

Der Film *Keine Angst vor großen Tieren* wurde zum Wendepunkt für Heinz Rühmann. Zwar waren die Filme *Das kann jedem passieren, Schäm dich, Brigitte* und *Briefträger Müller* zum Teil beachtliche Publikumserfolge, aber der ganz große Knüller, der fehlte noch.

1954 war ein altes Erfolgsgespann zum drittenmal zusammen: Albers und Rühmann. Die beiden, die 1931 in *Bomben auf Monte Carlo* und 1937 in *Der Mann, der Sherlock Holmes war* zusammen gespielt hatten, standen nach 17jähriger Pause wieder gemeinsam für *Auf der Reeperbahn nachts um halb eins* vor der Kamera. Albers im Hippodrom – das erinnerte an die Reeperbahn-Stimmungskanone *Große Freiheit Nr. 7.*

Die Kinos waren zwar voll, aber der Film wirkte doch ein wenig nach dem Rezept ›Man nehme‹ zusammengeschustert. Der Kritiker Herbert Ihering – er hatte schon über die Anfänge von Heinz Rühmann in Berlin berichtet – verriß Buch und Regie kräftig.

Für den nächsten Film *Wenn der Vater mit dem Sohne* bekam Rühmann wegen seiner schauspielerischen Leistungen in der Clownrolle die ›Goldene Artisten-Nadel‹ von der Internationalen Artistenloge. Die Urkunde ernannte ihn zum Ehrenmitglied, und es heißt darin, daß er ›die menschliche Seite des Artistenberufes überzeugend dargestellt und eine außergewöhnliche artistische Leistung gezeigt habe‹.

Nun war es nicht mehr zu übersehen: es ging wieder vehement aufwärts! Mittlerweile wurde auch Hertha Feiler für Filme wie *Wenn der weiße Flieder wieder blüht, Die schöne Müllerin* oder *Pünktchen und Anton* (nach dem Kinderroman von Erich Kästner) verpflichtet.

Obwohl die Filme sich gut verkauften, fehlte Rühmann der durchschlagende Erfolg, der ihm seine alte Stellung im deutschen Film wieder sichern sollte, immer noch.

Bis eines Tages der findige Produzent Kurt Ulrich bei den Dreharbeiten zu *Zwischenlandung in Paris*[1] ins Atelier kam und herausplatzte: »Ich hab' ihn, ich hab' ihn.«

---

(1) Originaltitel: Escale à Orly (Regie: Jean Dréville)

Heinz Rühmann als tolpatschig-korrekter Steuerberater Brinkmeyer in ›Das kann jedem passieren‹ (1952). Mit Rühmann im Bild die Zwillinge Karl und Peter Schwelling.

Was aber hatte er?

Ganz einfach, endlich den Stoff, woraus Träume sein können. Als Rühmann erfuhr, daß es sich um den Schwank *Charleys Tante* handelte, den er in München schon Anfang der dreißiger Jahre gespielt hatte, war auch er begeistert: »Das ist was für mich.« Er sah damals ganz deutlich die Chance, die einmalige Gelegenheit, sich in einer modern umgeschriebenen Handlung und einer für den Komiker klassischen Rolle zu zeigen.

119

Der Dame (Susanne von Almassy) wird vom Briefträger (Heinz Rühmann) in verfänglicher Situation eine Nachnahme präsentiert: ›Briefträger Müller‹ (1953).

Links: Ein sympathischer Kleinbürger kommt zu plötzlichem Reichtum – Heinz Rühmann in der Titelrolle von ›Briefträger Müller‹ (1953), der letzten Regiearbeit von John Reinhardt.

Bei diesem Film schminkte Heinz Rühmann der Münchner Maskenbildner Jupp Coesfeld, der mit ihm in den folgenden Jahren ein unzertrennliches Gespann werden sollte. Viele der Glanzrollen Rühmanns wären von der Optik her nicht so leicht denkbar gewesen, ohne diesen ›König der Bärte und Perücken‹. Ob Säufernase *(Der Hausmeister)* oder Rauschebart *(Der eiserne Gustav)*, ob *Pauker* oder *Jugendrichter*, ob Polizist *(Maigret)*, Pater *(Das schwarze Schaf)* oder Penner *(Gefundenes Fressen)* oder *Schwejk* – Jupp Coesfeld lieferte sechsundzwanzig Jahre lang das ›Gesicht‹ für Heinz Rühmann.

Siebzehn Jahre nach ›Der Mann, der Sherlock Holmes war‹ wieder einmal gemeinsam vor der Kamera: Heinz Rühmann und Hans Albers. ›Auf der Reeperbahn nachts um halb eins‹ (1954) – mit dabei Erwin Strahl (links) und Wolfgang Neuss (rechts).

Doch die Bosse der Berolina und der Verleihfirmen zögerten bei dem Namen Rühmann noch lange. Andere Schauspieler wurden vorgeschlagen, verworfen, wieder vorgeschlagen und wieder verworfen. Dann gaben die mächtigen Verleiher höchst widerwillig dem Vorschlag von Kurt Ulrich klein bei.

Das Endergebnis ist bekannt: die unverwüstliche *Charleys Tante* unter der Regie von Hans Quest – Rühmanns Frau spielte die echte Tante – wurde einer der größten Kassenschlager, die es in dieser Zeit in Deutschland gab.

Aber: Wie schwer tat sich Rühmann in diesem Film, wie schwer machte er es sich selbst! Es war ihm peinlich, in Frauenkleidern herumzulaufen. Mußte er ein Interview geben, zog er sich stets vorher um. Und überhaupt die ›liebe‹ Presse. Ausgerechnet jene Zeitungen und Zeitschriften, die Rühmann zuvor recht kräftige Tritte ins Kreuz versetzt hatten, sparten weder Zeit noch Geld, um ihn zu interviewen.

Heinz Rühmann als Musical-Clown und Pflegevater eines kleinen Jungen, den die Mutter plötzlich zurückfordert: ›Wenn der Vater mit dem Sohne‹ (1955) in der Regie von Hans Quest. Rechts Oliver Grimm.

Der Flughafen Orly bei Paris ist der Mittelpunkt einer Liebesromanze zwischen Pilot und Stewardeß. ›Zwischenlandung in Paris‹, eine deutsch-französische Gemeinschaftsproduktion, entstand 1955 mit Heinz Rühmann in der Hauptrolle unter der Regie des Franzosen Jean Dréville.

Oft beklagte man sich damals – und nicht nur damals – darüber, daß Rühmann schroff und ablehnend, ja sogar richtig muffig sei – wen aber wundert's – bei all dem, was er über sich ergehen lassen hatte müssen.

Auch bei den Dreharbeiten schenkte er sich nichts. »Er wußte«, berichtete ein Mitarbeiter, »daß jeder große Schauspieler diese Rolle einmal gespielt hatte. Entsprechend hart arbeitete er an sich selbst. Das ging hin bis zum Tanz, da ja eine Frau anders tanzt als ein Mann. Tatsächlich ging er eiskalt zum Tanzunterricht – und zwar als Frau!« Aber seine Mühen wurden reichlich belohnt: Jetzt war er wieder gefragt und überall hieß es: »Der alte Rühmann ist wieder da.«

Aber am Horizont zeigte sich bereits ein ›neuer‹ Rühmann.

Einer, über den die Menschen nicht nur Tränen lachen, sondern Tränen weinen sollten.

Es wurde die Rolle seines Lebens.

Als es darum ging, im *Hauptmann von Köpenick* die Hauptrolle zu besetzen, schieden sich die Geister. Man argumentierte, daß ein Schauspieler, der kurz zuvor *Charleys Tante* gespielt habe, nicht gut der Schuster Voigt sein könne. »Denn diese Rolle«, so sagte die Filmbranche, »nimmt ihm keiner ab.«

Schon zweimal[1] war Carl Zuckmayers tragikomische Geschichte um den Berliner Schuster, einen alten Mann, der nicht mehr weiter weiß, verfilmt worden. Der heißt Wilhelm Voigt, und mit Ausnahme der Polizei macht sich kein Mensch die Mühe, sich um ihn zu kümmern. Bis er schließlich aus lauter Verzweiflung das Ding in Köpenick dreht. Von diesem Tag an kennt ihn die ganze Welt. Als *Hauptmann von Köpenick* geht er in die Geschichte und die Dichtung ein.

Bevor die dritte Verfilmung mit Heinz Rühmann in der Titelrolle produziert wurde, gab es hinter den Kulissen harte Kämpfe. Es war dieser und jener Schauspieler im Gespräch – nur Rühmann nicht. Viele hatten Bedenken gegen ihn. Nur Helmut Käutner, der Regisseur, nicht. Er entschloß sich ganz klar für Rühmann und setzte sich schließlich vehement für ihn ein.

Rühmann wußte um das Risiko. Lange vorher führte er Gespräche mit Zuckmayer und Käutner. Wochen vor Drehbeginn traf er

---

(1) 1931 unter gleichem Titel in Deutschland und 1941 als ›I Was a Criminal‹ in den USA

in Hamburg ein. Die Aufgabe, die vor ihm lag, hatte ihn mit Haut und Haaren gepackt.

Als er sich darauf in einem Hamburger Hotelzimmer vorbereitete, war ein Dompfaff der einzige Zeuge. Er saß auf dem Bettpfosten, beäugte Heinz Rühmann, der sich äußerste Ruhe ausgebeten hatte. Niemand durfte ihn stören oder ablenken, kein Besuch – nichts. Wenn es dem Dompfaff zu still wurde, pfiff er das einzige Lied, das er konnte: *Fröhlich kehrt ein Wandersmann zurück.* Möglich, daß Heinz Rühmann, der ein großer Tierfreund ist, in solchen Augenblicken lächelte, aber dann wurde sein Gesicht wieder ernst, er konzentrierte sich auf die Rolle, schlurfte mit müden, hoffnungslosen Schritten durch das Zimmer oder blieb vor dem Spiegel stehen, berlinerte sein Ebenbild an oder gab zackige Kommandos.

Achtunddreißig Tage stand Heinz Rühmann vor der Kamera, Tage voll äußerster Konzentration und Disziplin, voll Besessenheit und schauspielerischer Kraft.

Dann war es soweit. Festliche Premiere, ein großer Film und ein ergriffenes Publikum, das lange Zeit keine Hand zum Beifall zu rühren vermochte. Dann aber wollte der Applaus kein Ende nehmen.

Carl Zuckmayer schrieb nach der Premiere: »Der unvergeßliche Berliner Volksschauspieler Max Adalbert hatte 1931 in der ersten Verfilmung der Gestalt des umhergetriebenen Schusters vielleicht die wärmsten und menschlichsten Züge verliehen.

Der geniale Werner Krauss hatte in einer seiner stärksten Leistungen auf der Bühne die Gestalt ins Dämonische vorgetrieben.

Der große Albert Bassermann hatte das Pech, die Rolle in einer verunglückten Hollywood-Produktion unter so mißlichen Umständen spielen zu müssen, daß er seine herrlichen schauspielerischen Mittel nicht entfalten konnte.

Rühmann aber gab dem ›preußischen Eulenspiegel‹ in der Person des Wilhelm Voigt sein volles Recht und seine tiefere Bedeutung – Lachen und Weinen waren da immer ganz nahe beisammen.«

Und einige Zeilen weiter: »Wenn Rühmann unter Käutners glänzender Regie nach gelungener Köpenickiade auf der Treppe des Rathauses die Soldaten mit ›Für jeden Mann ein Bier und eine Bockwurst‹ – eine der komischsten Stellen der Handlung – entläßt,

126

Bereits 1928 hatte Heinz Rühmann in den Münchner Kammerspielen in der berühmten Schwankrolle ›Charleys Tante‹ geglänzt. Hier in der Hans-Quest-Verfilmung 1955 mit Ehefrau Hertha Feiler.

Einer der besten deutschen Nachkriegsfilme ist Helmut Käutners charmanter aber auch sozialkritischer Film ›Der Hauptmann von Köpenick‹ (1956) geworden. Der Erfolg dieses Films war auch im Ausland meßbar, so wurde er beispielsweise in den USA für den ›Oscar‹ vorgeschlagen. Heinz Rühmann in der Maske des Schusters Wilhelm Voigt.

dann geht eine so fundamentale Traurigkeit von ihm aus, daß man sich der Vergeblichkeit aller Flucht des Menschen aus seinem Schicksal schaudernd bewußt wird.«

Heinz Rühmann war über diese Worte sehr erfreut, wie über alle anderen Ehrungen, die nun auf ihn zukamen: zahlreiche Empfänge, der Bundesfilmpreis und der Preis der Internationalen Filmfestspiele in San Francisco.

Auch privat fand Erfreuliches statt. Rühmann konnte endlich wieder aufatmen und nachts ruhig schlafen. Die Schulden aus der Comedia-Pleite waren auf Heller und Pfennig bezahlt, er machte drei Kreuze – und zog um.

Das von Ehefrau Hertha liebevoll adaptierte ›Behelfsheim‹ am Filmgelände Geiselgasteig, das die Rühmanns mit viel Selbsthilfe in den ersten Nachkriegsjahren zusammengezimmert hatten, war doch zu klein geworden. Außerdem wollten sie auch wieder Sohn Peter daheim haben, der bislang in einem Internat gewesen und mittlerweile vierzehn Jahre alt geworden war.

Rühmann kaufte sich in München-Grünwald in der Robert-Koch-Straße ein Haus, die Familie war wieder beisammen.

Der finanzielle Erfolg trat im Vergleich zu dem, was Rühmann

Die Hauptmannsuniform öffnet dem arbeits- und obdachlosen Schuster Voigt sogar die Tore des Rathauses von Köpenick. ›Der Hauptmann von Köpenick‹ (1956) – vordere Reihe: Martin Held, Hannelore Schroth, Heinz Rühmann, Bum Krüger und Siegfried Lowitz.

wirklich kann, eigentlich mit reichlicher Verspätung ein. Bereits 1954, also zwei Jahre vor dem *Hauptmann von Köpenick*, bewies Rühmann in den Münchner Kammerspielen, daß seine schauspielerischen Fähigkeiten es auch ermöglichten, Unfaßbares faßbar zu machen.

Er spielte in einem der schwierigsten Stücke, unter einem der schwierigsten Regisseure eine Hauptrolle. Das Stück hieß *Warten auf Godot*, und der Regisseur hieß Fritz Kortner.

Kortner war nicht nur berühmt, er war auch berüchtigt. Zahllose seiner Aussprüche sind Legende geworden, nur einer sei hier zitiert. Den österreichischen Schauspieler Helmut Lohner nahm er einmal hart ran: »Denken Sie, bevor Sie reden, Sie verlieren deshalb nicht gleich die österreichische Staatsbürgerschaft.« Aber solch wohlmeinende Sprüche waren für Kortner geradezu harmlos.

130

Kortner war vieles in einem. Kortner, die Dampfwalze; Kortner, der Koloß; Kortner, der Schwierige – an diesem Mann war vieles extrem. Als Rühmann ihm sagte, daß er manches am Stück nicht verstehe, antwortete Kortner: »Macht nichts, ich werde es Ihnen schon erklären.«

Tatsächlich erklärte er es ihm und seinen Mitspielern Rudolf Vogel, Friedrich Domin und Ernst Schröder. Und zwar so gründlich, daß sie pro Probentag eine ganze Seite Text schafften. Waren es mal anderthalb, so frotzelte Kortner: »Na bitte, wir kommen ja ganz flott vorwärts!«

Regisseur (Helmut Käutner), Autor (Carl Zuckmayer) und Hauptdarsteller (Heinz Rühmann) einer der gelungensten deutschen Filmkomödien: ›Der Hauptmann von Köpenick‹ (1956).

Rühmann in Erinnerung an die Probenzeit: »Wir kamen uns alle wie Anfänger vor. Oft waren wir auch deprimiert. Mal verließ der eine, mal der andere frühzeitig die Probe. Bis eines Tages, als es absolut nicht laufen wollte, alle vier verschwanden.« Um am nächsten Tag doch wieder vollzählig und pünktlich zur Stelle zu sein.

Kortner saß im Parkett und grollte sichtlich. Schließlich hielt er es nicht mehr aus, wuchtete sich auf die Bühne und sagte: »Na ja, man weiß seit gestern nicht mehr so recht, was man sagen soll. Aber vielleicht würden die Herren doch noch einige Anregungen entgegennehmen.«

Das taten sie denn auch, und nach der Premiere schrieb der Kritiker Siegfried Melchinger: »Rühmann war Clown, Harlekin, Charlie Chaplin – mit einem Wort, genau das alles, was Beckett gemeint haben muß, als er es unternahm, die Existenz als sinnloses, aber auf Spielregeln aufgebautes Spiel zu deuten.«

Mit diesen Theater- und Filmerfolgen wurde Heinz Rühmann Mitte der fünfziger Jahre wieder, was er bereits in den dreißiger Jahren gewesen war: zum beliebtesten Schauspieler der Deutschen. Auf einmal schien die dunkle Wegstrecke weggewischt zu sein, und man tat allgemein so, als hätte man Heinz Rühmann nie vergessen und totgeschwiegen.

Vor allem die Presse hätte ihn am liebsten in den Himmel gehoben. Aber sie stieß auf Widerstand. Heinz Rühmann hat ein gutes Gedächtnis, und die zugefügten Wunden waren noch nicht vernarbt. Das Verhältnis zur Presse blieb fortan immer eine Spur unterkühlt. Das wurde auch später bei den Würdigungen zu seinem siebzigsten Geburtstag offenkundig, denn viele der Würdigungen hatten – bei aller Bewunderung und dem wohlverdienten Lob – ein wenig den Beigeschmack einer lästigen Pflichtübung.

In den späten fünfziger Jahren spielte Rühmann in Filmen

Oben: Unter der Regie von Axel von Ambesser entstand 1958 der Problemfilm um einen autoritären Lehrer, der vor einer außer Rand und Band geratenen Klasse bestehen muß: ›Der Pauker‹. Studienrat Dr. Seidel (Heinz Rühmann) inmitten seiner Schüler (darunter Peter Kraus, Axel Scholtz, Michael Verhoeven, Hans Zander, Fritz Wepper, Ernst Reinhold, Peter Vogel u. a.).

Unten: Studienrat Dr. Seidel greift energisch durch. Heinz Rühmann (Mitte) und Hans Leibelt (rechts).

HEINZ RÜHMANN
der Pauker
Ein Kurt Ulrich-Film der Gloria

In ›Der Eiserne Gustav‹, einem Film, den Georg Hurdalek 1958 drehte

Probleme der heranwachsenden Jugend in der Bundesrepublik der späten fünfziger Jahre: Heinz Rühmann und Karin Baal in ›Der Jugendrichter‹.

unterschiedlichster Prägung. Mal einen Lehrer (1958 in *Der Pauker* mit Gert Fröbe unter der Regie von Axel von Ambesser), mal einen Berliner Droschkenkutscher (1958 in *Der Eiserne Gustav* mit Karin Baal und Lucie Mannheim). Dann wieder einen Richter (1960 in *Der Jugendrichter* mit Lola Müthel, Karin Baal unter der Regie von Paul Verhoeven) oder den ewig getretenen, geschundenen Buchhalter Kringelein, der im Leben immer den falschen Zipfel der Wurst erwischt hat und sich jetzt als Todgeweihter noch einmal ins volle Menschenleben stürzt (1959 in *Menschen im Hotel* mit O. W. Fischer, Gert Fröbe und Sonja Ziemann). Dann wieder einen Kommissar (1958 in *Es geschah am hellichten Tag* unter der Regie von Ladislao Vajda, mit Michel Simon und Gert Fröbe), dann den Pater Brown mit kriminalistischem Spürsinn (1960 in *Das schwarze Schaf*) und im gleichen Jahr auch noch die Glanz-rolle des *Braven Soldaten Schwejk*. Dazu mußte er – Regie führte Axel von Ambesser – das ›Böhmakln‹ lernen.

Eine Szene aus dem Gottfried Reinhardt-Film ›Menschen im Hotel‹: O. W. Fischer, Sonja Ziemann und Heinz Rühmann.

Ambesser: »Er tat das so perfekt und gründlich, wie alles, das er einmal anfängt. Mit einer unveränderten Nase spielte er den Schwejk so, als ob er eine Knollennase trüge. Und er sprach nur ganz zart in der Andeutung den böhmakelnden Tonfall.«

Artur ›Atze‹ Brauner, der Produzent des Films –, er machte mit Rühmann zuvor *Es geschah am hellichten Tag* und *Menschen im Hotel* – erinnert sich an die Abnahme dieses Films: »Es gab nicht einen einzigen Lacher! Niemand verzog eine Miene. Gewiß, der Schwejk ist keine bloße Lustspielfigur. Er gehört zu den großen komödiantischen Rollen, aber ›Lachen verboten‹ galt noch nie bei ihm, und schon gar nicht, wenn Rühmann die Hauptrolle spielt. Wir waren so verzweifelt, daß wir vorhatten, den Film ganz still und leise irgendwo in der Provinz anlaufen zu lassen. Das taten wir dann gottlob nicht, sondern brachten ihn ganz groß heraus.«

Denn das Resultat konnte sich sehen lassen – Rühmann war der ideale Hauptdarsteller. Neben dreizehn ausländischen Preisen erhielt der Film in Amerika die hohe Auszeichnung Golden Globe und den Bundesfilmpreis in Deutschland.

Aber nicht alle Filme wurden solch ein Publikumserfolg. Sie konnten es einfach nicht werden. Denn das Publikum hatte über Heinz Rühmann eine bestimmte Vorstellung. Spielte er ernste Rollen, wollten sich die Kinos einfach nicht füllen. Rühmann mochte man am liebsten kreuzfidel. Egal, ob er mit Torten warf oder am Kronleuchter schaukelte.

Zwei Filme kamen in diesen Jahren solchen Publikumswünschen entgegen, waren trotzdem blitzgescheit und fanden im nachhinein auch in Rühmanns Augen Gnade. Es waren *Das Haus in Montevideo* und *Dr. med. Hiob Prätorius* und entstammten beide der geschliffenen Feder des Curt Goetz.

Rühmann zögerte lange, bevor er sich entschloß, diese beiden Rollen in den Neuverfilmungen zu übernehmen. Denn der Schatten von Curt Goetz machte Rühmann unschlüssig.

Als er aber durch Zufall erfuhr, daß Goetz zu seinen Lebzeiten bereits eine dieser Rollen ihm anvertrauen hatte wollen, griff er zu. In einem Brief schrieb Valerie von Martens, Goetz' Frau und seine gleichzeitig so liebenswerte Partnerin, dem Produzenten Hans Domnick: »Als Rühmann nämlich aufkam, wurde er von uns schon ›Der kleine Goetz‹ genannt. Eine sehr tiefe Verbundenheit und Gleichgesinntheit band meinen Mann an ›seinen kleinen Rühmann‹ – wie er ihn vertraut nannte.«

138

›Es geschah am hellichten Tag‹ (1958): Heinz Rühmann und Ewald Balser. Regie: Ladislao Vajda.

Heinz Rühmann in einer ernsten Rolle. In dem Schweizer Spielfilm ›Es geschah am hellichten Tag‹ (1958) entlarvt er einen Kindermörder. Die Darsteller v. links: René Magron Heinz Rühmann, Michel Simon, Siegfried Lowitz.

Zwischendurch lehnte Rühmann Kurt Ulrichs kuriosen Einfall, *Die Drei von der Tankstelle* mit Fritsch, Karlweis und ihm – diesmal als Väter – zu verfilmen, ab.

Von den Goetz-Filmen aber war das Publikum begeistert. 1964 meldete sich das damals noch allmächtige Hollywood. Stanley Kramer wollte *Das Narrenschiff*[1] von Katherine Anne Porter verfilmen und bot Rühmann eine Hauptrolle an.

Stanley Kramer ist als Produzent und Regisseur nicht nur in Amerika bekannt – er hat sich durch Filme wie *Das Urteil von Nürnberg* oder *Die Caine war ihr Schicksal*[2] einen Namen gemacht.

Als der Anruf des einflußreichen Hollywood-Agenten Paul Kohner – 1933 war er Produktionsleiter bei der Universal-Film – kam, las Rühmann das 800 Seiten dicke Buch. Schwer, mit wenigen Worten den Inhalt des umfassenden Romans zu skizzieren: Die geschilderte Schiffsreise ist allegorisch zu verstehen. Sie ist eine Fahrt ins Chaos. Der deutsche Frachter »Vera« ist zu Beginn des Jahres 1933 siebenundzwanzig Tage zwischen Vera Cruz und Bremerhaven unterwegs. An Bord befinden sich Deutsche und Amerikaner, Schweden und Schweizer, Spanier und Kubaner. Es sind Privilegierte und Zukurzgekommene. Unter ihnen ist auch der deutsche Jude Julius Löwenthal, den das Heimweh wieder nach Deutschland treibt. Er ahnt nicht, was ihm bevorsteht, ebensowenig wie die anderen Passagiere. Die zusammengewürfelte Gesellschaft der Kabinengäste und des anonymen Zwischendeckvolks gibt das Modell ab, an dem die Autorin menschliche Begierden, Leidenschaften und Laster, Haß und Heuchelei, Indifferenz und Dummheit demonstriert.

Den Julius Löwenthal sollte Heinz Rühmann darstellen.

Aber er hatte gegen diese Rolle Bedenken.

Als Regisseur Kramer ihn in München besuchte, kamen sie überein, daß das Drehbuch umgeschrieben werden sollte. Monate später kam wieder ein Anruf aus Hollywood: »Mister Kramer möchte, daß Sie ihn in Beverley Hills besuchen, um mit ihm das neue Drehbuch durchzusprechen.«

»Abgesehen von der Rolle«, sagte Heinz Rühmann, »interessierte mich natürlich Hollywood. Außerdem bedachte ich etwas

---

(1) Originaltitel: Ship of Fools
(2) Originaltitel: The Judgement of Nuremberg (1961); The Caine Mutiny (1954); Regie: Edward Dmytryk

›Ship of Fools‹ (Das Narrenschiff) entsteht 1964 in den USA unter der Regie von Stanley Kramer. Charaktere prallen während einer Schiffsreise leidenschaftlich gegeneinander. Man schreibt das Jahr 1933. Zu seinem Ärger muß der antisemitische Verleger Rieber (José Ferrer, rechts) die Kabine mit dem jüdischen Handelsreisenden Julius Löwenthal (Heinz Rühmann) teilen.

ganz anderes. Die Dreharbeiten sollten im Juni beginnen, und am 1. Juli hatten Hertha und ich Silberhochzeit. Lange zuvor hatte ich schon überlegt, wie ich dieses Ereignis gebührend würdigen könnte.«

Außerdem, so sagte sich Rühmann, kostet einmal anschauen ja noch nichts. Denn schließlich konnte er immer noch nein sagen, oder die Filmleute hätten ihn ablehnen können. Als Ende Mai die komplette Rühmann-Familie mit Frau Hertha und Sohn Peter in Hollywood eintraf, war die Betreuung märchenhaft.

Rühmann später: »Es war wirklich wie im Film!«

Das Drehbuch war umgeschrieben, die Figur des Julius Löwenthal war völlig neu ins Geschehen eingefügt worden, und überhaupt zeigten sich die Amerikaner sehr, sehr großzügig.

Zum erstenmal in seinem Leben drehte Rühmann also einen Film in einer fremden Sprache. Das Verhältnis zu den Hollywooder Kolleginnen und Kollegen war denkbar herzlich, so wie es eigentlich sein soll, wenn man gemeinsam einen schwierigen Film gestalten muß.

Auch für die private Betreuung war bestens gesorgt. Kohner hatte ein kleines Landhaus für Heinz Rühmann gemietet, und alle drei fühlten sich sehr schnell darin ›fast wie zu Hause‹.

Dann kam also jener besagte 1. Juli, der Tag der Silberhochzeit für Hertha und Heinz. Nach fünfundzwanzig Ehejahren wurde es ein Tag voller Erinnerungen, ein Tag der Besinnung auf gute und weniger gute Zeiten, in denen sie gemeinsam aneinander Halt gefunden, und die sie hinter sich gebracht hatten.

Es war auch ein Tag der vielfältigen Überraschungen. Dem Offenburger Senator und Verleger Dr. Franz Burda sowie dem Regisseur Stanley Kramer war eine Menge eingefallen, um dem Jubelpaar Freude zu bereiten. Im großen Kreis von Kollegen und Freunden wurde gefeiert. Burda hatte in einem eleganten Lokal alles arrangiert. Der Raum war festlich mit Kerzen beleuchtet, ein nur aus Geigern bestehendes Orchester spielte, und die Tafel war ein einziges Paradies für Feinschmecker.

Rühmann nahm all diese Huldigungen ein wenig benommen und auch etwas verschämt entgegen. Zu seiner Freude kam auch noch die Gewißheit, daß er sein ›amerikanisches Abenteuer‹ erfolgreich bestanden hatte. Zudem offerierte ihm Stanley Kramer als besondere Überraschung: »Sie können fliegen, wohin sie wollen.«

So etwas ließ sich ein Rühmann nicht zweimal sagen.

Und wenn er fahren wollte, hatte er von Daimler-Benz für die gesamte Zeit seines Aufenthaltes ein schönes, in Amerika besonders hoch im Kurs stehendes 220er Cabriolet zur Verfügung.

In der Zwischenzeit war das Fernsehen zunehmend auf dem Vormarsch, die Angebote für dieses Medium wurden immer drängender. Nur zögernd begann er, wozu ihn Hertha Feiler auch schon lange überreden wollte: Filme für das Fernsehen. Als Georg Richter, den er nach 1945 bei einem *Mustergatten*-Gastspiel in Grimma kennengelernt hatte, den *Handlungsreisenden* vorschlug, willigte er ein, den Willy Loman wieder mit Käthe

Gold als Partnerin unter der Regie des jungen Gerhard Klingenberg zu spielen. Seine anfängliche Skepsis gegenüber dem neuen Medium verflog bald. Die Arbeit im Fernsehstudio erinnerte ihn sehr an die Präzision des Stanley Kramer: Alles spulte wohlgeordnet und wohlvorbereitet nach Drehplan ab.

Nach und nach erkannte Rühmann, welche ungeheuren Möglichkeiten ihm das neue Medium bot. Endlich konnte er seine schauspielerische Kraft und Möglichkeiten in tragischen Rollen erproben.

Und er tat auch das mit großem Erfolg.

Nach dem Fernsehdebüt in Arthur Millers *Tod des Handlungsreisenden* schrieb ein bekannter Kritiker: »Sprach schon einmal ein Schauspieler mit so leiser Stimme derart markerschütternd schrill? Gibt es einen zweiten Akteur, der mit sanftesten Mitteln die Würde der Erbärmlichkeit und die Einsamkeit des Menschen darstellen kann?«

Die Meinungen waren einhellig: Es gibt keinen.

Aber in diesen Wochen und Monaten spielte Heinz Rühmann die wohl schwierigste Rolle seines Lebens. Er spielte sie immer wieder neu, mit einer Perfektion, die übermenschlich war. Denn er hatte das Furchtbare, das Unabwendbare kommen sehen, Tag für Tag näher kommen sehen und doch bis zuletzt nicht daran geglaubt, immer noch auf ein Wunder gehofft.

Angefangen hatte es mit Hertha Feilers Schlaflosigkeit und immer stärker werdenden Kopfschmerzen. Krankenhaus – sie wurde zweimal operiert. »Ein Nervenleiden«, sagten die Ärzte zu der Todkranken. Die Ärzte logen.

Heinz Rühmann kannte die furchtbare, unwiderrufliche Wahrheit. Aber auch er wollte nicht an sie glauben, er konnte sich ein Leben ohne seine Frau einfach nicht vorstellen.

So kaufte er beispielsweise 1969 mit ihr ein Haus in Südfrankreich in Cap Ferrat und richtete es für gemeinsame Ferienzeiten geschmackvoll ein. Dabei wußte er genau, daß die Ehe, die nun einunddreißig Jahre nicht nur gedauert, sondern auch Seite an Seite miteinander gelebt worden war, bestenfalls noch Monate währen konnte.

Er floh in die Arbeit, in das Fernsehstudio, wo *Endspurt* von Peter Ustinov gedreht wurde. Die Kollegen erlebten einen Rühmann, wie sie ihn kannten: Pünktlich, präzise und konzentriert. Wer um seine Sorgen nicht wußte, sah sie ihm nicht an.

Am 2. November 1970 wurde Hertha Feiler – erst dreiundfünfzigjährig – von ihrem heimtückischen Krebsleiden erlöst.

Zu ihrer Beisetzung versammelte sich am nächsten Morgen auf dem Waldfriedhof in München-Grünwald eine Handvoll Menschen: Heinz Rühmann, sein Sohn Peter, die engsten Freunde.

Zwei Tage lang gelang es, die furchtbare Nachricht zurückzuhalten. Zwei Tage lang wurde Heinz Rühmann von Beileidsbesuchen und -bekundungen verschont. Als Hertha Feilers Tod schließlich bekannt wurde, war er bereits ein Stück Vergangenheit, an dem sich die erste große Welle der Anteilnahme brach.

In den ersten Wochen danach zog sich Heinz Rühmann völlig von der Welt zurück. Wenn das Telefon schrillte, hob er nicht ab. Wenn es an der Haustür klingelte, öffnete er nicht. Er war allein in seinem Haus und wollte allein mit sich und seinem Schmerz bleiben.

Einzig und allein der Briefträger erinnerte Rühmann immer wieder daran, daß es außer ihm und seinem Haus noch etwas anderes gab: Tausende von Briefen, in denen wildfremde Menschen ihr Mitgefühl ausdrückten. Aber jedes Wort tat weh, schrecklich weh. Heinz Rühmann wußte, was er verloren hatte. Er mochte diese Briefe einfach nicht mehr lesen.

Er war jetzt achtundsechzig Jahre alt – einunddreißig davon hatte er mit Hertha Feiler verbracht. Sie waren wie füreinander geschaffen gewesen.

Jeden Nachmittag, wenn die Dämmerung einfiel, ging Heinz Rühmann zum Waldfriedhof. Er scheute das Tageslicht. Die Neugierigen, die zum frischen Grabhügel pilgerten, sollten seinen Schmerz nicht sehen.

Oft konnte er tagelang sein Haus nicht verlassen, weil es von Neugierigen und Illustriertenfotografen belagert war. Bei Nacht mußte er manchmal zum Friedhof schleichen, um ungestört unter den hohen Kiefern und Tannen am Grab seiner Frau stehen zu können.

Er fand es furchtbar, daß man einem Menschen, der einen solchen Verlust erlitten hatte, so etwas antat.

Heinz Rühmann zog sich noch mehr zurück, verkapselte sich und wurde noch menschenscheuer. Fast schien es, als ob er jetzt freiwillig das Schicksal suchte, das ihn vor zwanzig Jahren hart geprüft hatte: das Schicksal, vergessen zu werden.

Aber so groß auch der Schmerz war, so sehr er auch vereinsamt war, so sehr trog der Schein. Bereits einen Monat nach dem Tod seiner Frau erschienen die ersten Schlagzeilen: ›Heinz Rühmann macht weiter‹, jubelten die Zeitungen, ›Hauptrolle in neuer TV-Komödie!‹

Die Meldungen waren zwar ein wenig voreilig, aber sie stimmten. Mitte 1971, nach sieben Monaten Trauer, stand Rühmann wieder vor den Fernsehkameras. Er machte tatsächlich weiter.

Im Fernsehstudio gab es nicht wenige, die sich fragten: Was ist ein Heinz Rühmann ohne Hertha Feiler? Die Antwort kam an jedem Drehtag neu und war immer wieder gleich überzeugend: Ein großer Schauspieler kann nicht schlechter werden, nur einsamer.

Das war Heinz Rühmann nicht nur von der Rolle her. Er spielte einen alten Pfandleiher, einen einsamen Sonderling, der um sein bißchen Lebensraum kämpfen muß. Auch im Studio blieb Rühmann ein Einsamer, ein Einzelgänger. Eigens für ihn wurde in der Aufnahmehalle eine geräumige Kabine errichtet, in die er sich in den Drehpausen zurückziehen konnte. Er wirkte ernst, still und in sich gekehrt.

Schauspielkollegin Sabine Sinjen sagte einmal: »Ich habe gern mit ihm gearbeitet. Er ist ungeheuer konzentriert und präzise. Aber ich habe ihn nie lachen sehen. Die Atmosphäre war eigenartig, es schien, als ob alles in Watte gepackt wäre.«

»Man wird sehen«, schrieb Rühmann in einer großen deutschen Sonntagszeitung ein Jahr vor dem Tod seiner Frau, »was die Zukunft mit mir vorhat.« Und er fragte, wie unbewußt den Ereignissen vorausgreifend, schon im nächsten Satz: »Wird die Kraft auch weiterhin reichen?«

Sie hat gereicht und hat Rühmann befähigt, wieder einen heiteren Film, nämlich *Der Kapitän* (1971 mit Johanna Matz, Terry Torday, Horst Tappert und Ernst Stankovski unter der Regie von Kurt Hoffmann) zu drehen. Rühmann zeigte sich darin so, wie ihn Millionen wollten und immer noch wollen: pfiffig, augenzwinkernd und jeder Situation gewachsen. Dann stand Deutschlands beliebtester Schauspieler, Tröster und Vollblutkomödiant vieler Generationen wieder vor den Fernsehkameras. Es ist ein einmaliges Phänomen, daß die Zuneigung des Publikums mehr als ein halbes Jahrhundert überdauert hat. Die Freunde der fröhlichen Jahre sind von der Bühne des Daseins abgetreten, es ist leerer geworden um ihn. Hans Albers, der Freund – seit vielen Jahren

(1960) tot. Hans Moser, Willy Fritsch, Paul Verhoeven und auch Theo Lingen ... die Reihen lichteten sich.

1974 spielte er im Hamburger Thalia-Theater in *Sonny-Boys* einen alternden Komödianten, der die Tageszeitungen ständig nach den Todesanzeigen seiner früheren Kollegen absucht. In dieser großen Rolle bewies er wieder einmal mehr seine Stärke: Heiterkeit mit Hintersinn zu zeigen. Denn er spielte den Alten, den einsamen Alten, so, daß den Zuschauern das Lachen im Halse steckenblieb.

In einem Interview mit der Fernsehzeitschrift *Hör Zu* sagte er:

Heinz Rühmann als Kapitän Ebbs in dem Spielfilm ›Der Kapitän‹, den Kurt Hoffmann inszenierte. Rechts Terry Torday.

›Kein Abend wie jeder andere‹. Am 24. 12. 1976 ging eine Unterhaltungs-
sendung über den Bildschirm, in der Heinz Rühmann als Puppenspieler gemeinsam mit Peter Ustinov (rechts) die Kinder unterhielt.

»Als junger Mensch störte mich die vordergründige Heiterkeit
nicht. Die Hauptsache war, die Leute amüsierten sich. Heute bin
ich glücklich, wenn sie mitten aus dem Lachen heraus ganz still
werden.« Und weiter: »Der Tod hat für mich seine Schrecken
verloren. Ich weiß genau, daß wir nicht nur für diese lächerlichen
achtzig Jahre auf die Welt gekommen sind, die wir bestenfalls zu
leben haben. Ich glaube fest daran, daß es irgendwie weitergeht
nach unserem Tod. Dieser ganze komplizierte Mensch – nur für ein
einziges kleines Leben? Das wäre doch zuwenig!«

Verständlich, daß sich gerade ein Mensch wie Heinz Rühmann
nach einem so schwerwiegenden Verlust wie dem Tod seiner Frau
eingehende Gedanken über das Leben machte.

Verständlich, daß da erst einmal der Vorhang fiel und er mit
seiner Trauer allein war.

Verständlich auch, daß er da auf die seltsamsten Gedanken kam

Zwei große Krisen gab es bei Heinz Rühmann. Und jedesmal
war es eine Frau, die ihm half, ihn beriet und stützte.

Endlich eine dramatische Rolle für Heinz Rühmann: mit Sabine Sinjen in dem Fernsehspiel ›Der Pfandleiher‹.

So auch in dieser Zeit, da Rühmann so viel über sich und das Leben grübelte. Denn es war keine Liebe auf den ersten Blick, als sich Heinz Rühmann und Hertha Droemer 1959 in einer Münchner Bildergalerie kennenlernten. Man sprach übers Kino, über Kunst, über Hertha Droemers Heimat Litauen – und fand sich sympathisch.

Jetzt, viele Jahre später, nach dem Tod Hertha Feilers, schrieb sie ihm einen Brief. Rühmann, einsam und zutiefst verzweifelt, nahm die Hand, die sich ihm entgegenstreckte, und ließ sie nicht mehr los.

1974 heirateten sie. Die frühere Verlegerfrau ist zwanzig Jahre jünger.

Nach seiner Hochzeit sagte der öffentlichkeitsscheue Rühmann: »Wir haben in allen Dingen eine große, wunderbare Harmonie und sind fest entschlossen, dieses Glück zu bewahren. Neben der Arbeit wollen wir uns das Leben so schön wie möglich machen.«

Als er mit Hertha Droemer zu den Dreharbeiten für den Film *Das chinesische Wunder* nach Hongkong flog, war es die längste Reise seines Lebens. Der Aufenthalt in der britischen Kronkolonie war so eine Art verspätete Hochzeitsreise. Dem Film allerdings, in dem er den russischen Akupunkturspezialisten Poliakoff unter der Regie von Wolfgang Liebeneiner spielte, wurde kein großer

Theater: Heinz Rühmann und Paul Verhoeven (rechts) in Neil Simons erfolgreichem Bühnenstück ›Sonny-Boys‹, in dem zwei alte Schauspieler immer noch miteinander rivalisieren, obwohl sie sich bereits ein Menschenalter kennen (Münchner Kammerspiele, 20. März 1974).

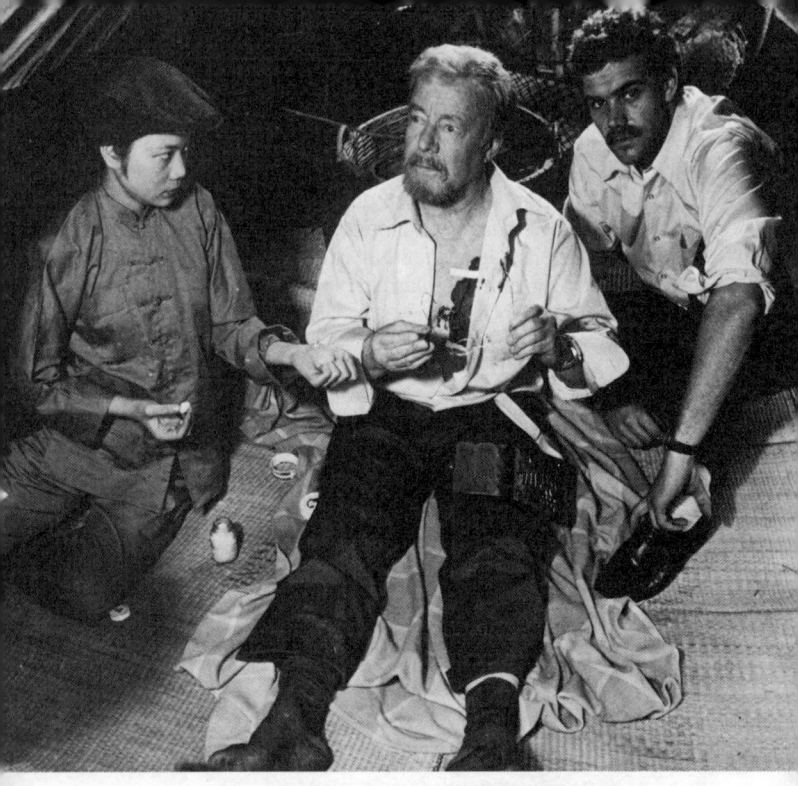

Heinz Rühmann und Christian Kohlund in ›Das chinesische Wunder‹.

Erfolg zuteil, obwohl Rühmann nach wie vor für klingelnde Kinokassen, ausverkaufte Bühnenhäuser und hohe Einschaltzahlen bürgt.

Es war Heinz Rühmanns letzter Kinofilm.

Schon Jahre zuvor hatte er einmal gesagt: »Nichts nutzt sich so schnell ab wie das Gesicht und der Ruhm eines Schauspielers.«

Dies ist auch der Grund, weshalb er nur noch wenige, ausgesuchte Rollen nach seinem Geschmack übernimmt.

In Charakterrollen klassischer, für das Fernsehen inszenierter Theaterstücke wie *Der Tod des Handlungsreisenden* von Arthur Miller und *Der Hausmeister* von Harold Pinter zeigte er die Dramatik seiner gereiften Darstellungskunst. Für seine Leistung in *Ein Zug nach Manhattan* von Paddy Chayefsky bekam er den Gol-

Fernsehen: Heinz Rühmann als Taxichauffeur Balthasar von Kroog mit Cornelia Froboess (Szenenfoto) in ›Balthasar im Stau‹, 1979.

den Globe. Gedreht wurde mitten in New York. Da war der Star immerhin schon fast achtzig.

In drei Rühmann-Specials spielte er in oft nachdenklich-komischen Episoden: Taxifahrer in Paris und Amsterdam, Bahnhofsvorsteher in einem englischen Nest und schließlich Schloßbesitzer mit zahllosen Verwandten, die alle aussehen wie der Schloßherr – wie Heinz Rühmann. Und natürlich alle Rollen, wie jede einzelne, persönliche Glanzstücke des Schauspielers Rühmann.

Als eine Leistung ganz besonderer Art müssen – eingedenk seines hohen Alters – die 1990 für den TV-Sender 3sat produzierten siebenundzwanzig Lesestücke gewürdigt werden, die im internationalen Satellitenprogramm von ZDF, ORF, SRG und DFF ausgestrahlt wurden. Diese literarischen Fundstücke einer ganz persönlichen Auswahl sollen »Kultur bewahren« helfen. Bei der Präsentation betonte Rühmann immer wieder, welche Freude es sei, sich mit Themen zu befassen, »die man nur lesen kann«. Betrachtungen und Gedichte von Kaschnitz, Hesse, Rilke, Hausmann, Waggerl, Lindgren, Kästner, Götz und Robert Walser trug er vor und verabschiedete sich stets mit dem Schlußsatz: »Ich danke Ihnen sehr für den heutigen Mittag.« »Herzlichst, Heinz Rühmann« war der Titel der Sendungen dieser Fernsehserie. Und herzlich hat er sich dabei seinem Publikum zugewandt. Er ist milde, versöhnlich, betont, daß »er den Menschen etwas mit auf den Weg geben möchte durch das Dichterwort«, das er launig, ernst, manchmal spitzbübisch zu interpretieren weiß. Ein Profi ist er natürlich auch im hohen Alter von fast neunzig Jahren geblieben.

Mit sich selbst bringt er ein Stück einer gelassenen, von Sonne erfüllten Altersgegenwart auf den Schirm, ohne daß seine Popularität besonders sentimental ausgeleuchtet werden müßte.

Lesungen bedeuten für Heinz Rühmann bereits eine liebgewonnene Tradition. Seit 1977 liest er während der Adventszeit ausgewählte Weihnachtsgeschichten in der St. Michaeliskirche in Hamburg. Es sind Gedichte und Geschichten aus dem Lukas-

Oben: Geburtstagsparty auf dem Wasser: Heinz Rühmann während seines 75. Geburtstages mit Bundeskanzler Helmut Schmidt und dessen Frau Loki auf dem Schiff ›Bergedorf‹ auf der Elbe.

Unten: Studiochef Gyula Trebitsch (links), Heinz Rühmann und seine dritte Frau Hertha ebenfalls an seinem 75. Geburtstag.

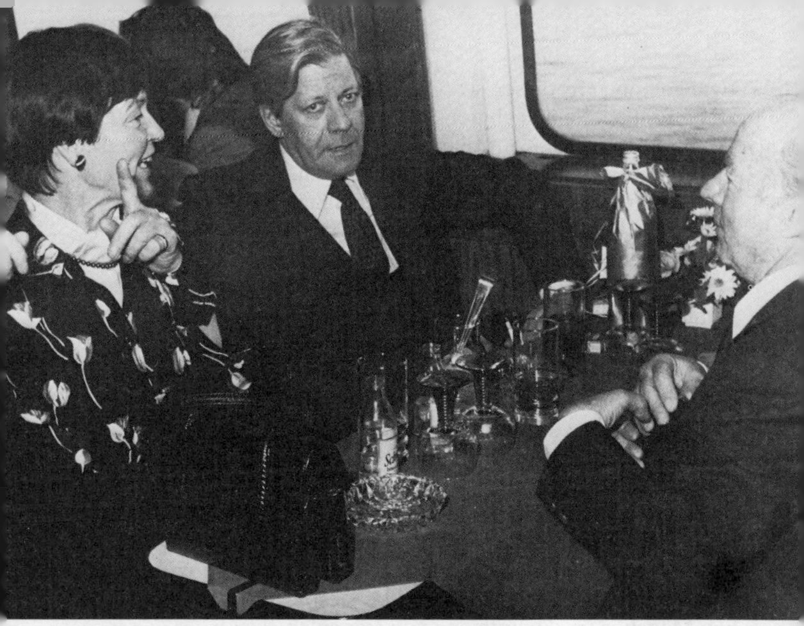

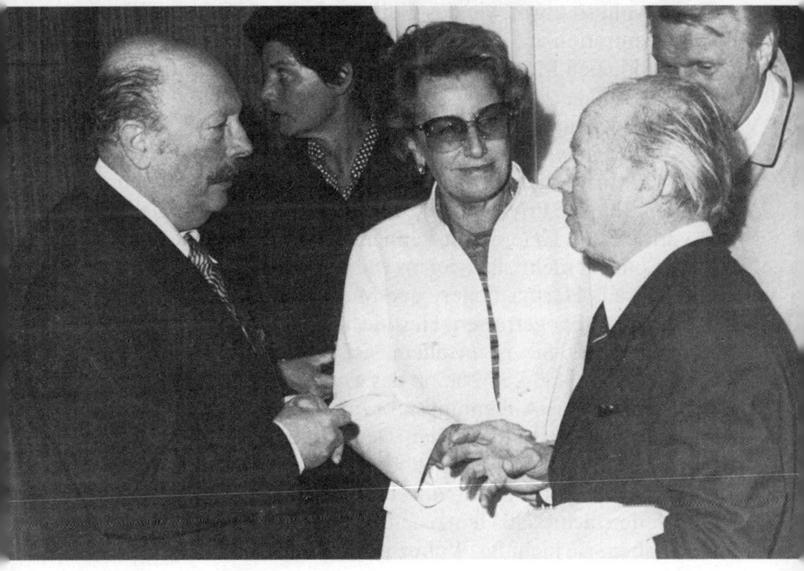

Evangelium. »In dieser schönen Kirche«, so sagte er, »gibt es keine Rampe, keinen abgrenzenden Lichtkreis. Die Stimme fällt in ein Nichts. Ohne Kontrolle. Die Frage, ob das, was ich sage, die Menschen erreicht, schnürt mir die Kehle zu. Doch dann spüre ich fast körperlich ein Echo aus der Dunkelheit. Zweitausend Menschen lassen sich von der Kraft ewiger Dichtung einfangen. Das sind für mich Momente höchsten Glücks.«

Und er ist ein Phänomen der ganz besonderen Art, dieser Heinz Rühmann: Mit seinen nahezu neunzig Jahren übt er in einer Zeit, in der alte Menschen bedenkenlos leicht auf die Seite geschoben werden, immer noch eine ungeheure Wirkung auf alt und jung aus.

Vielleicht liegt das Geheimnis dieses großen, großartigen Menschendarstellers wirklich darin, daß er selbst so menschlich ist. Daß er selbst so oft gelacht, so oft geweint hat.

»Bei jedem meiner Filme« – so sagt er – »habe ich darauf geachtet, daß es zumindest eine Szene gibt, die das Innerste der Menschen so sehr bewegt, daß sie sich noch nach Wochen und Jahren daran erinnern können, wie z. B. das Gespräch mit dem todkranken Mädchen im ›Hauptmann von Köpenick‹.«

Es ist wohl so etwas wie das Geheimnis seines Dauererfolges: die Konzentration auf das Wesentliche. Und daß er nie den sogenannten ›kleinen Mann‹ vergessen hat, der sich im Gestrüpp der Schicksalsschläge zu verfangen droht – aber mit Herz und Pfiffigkeit dann doch herausfindet.

In seinen Filmen spielte er oftmals, nahezu immer die Hauptrolle – aber privat liebt er es heute nicht mehr, so im Mittelpunkt zu stehen. Ihm die Privatsphäre zu erhalten – dafür hat er Herthie, seine dritte Frau. Er lernte sie kennen, »als mit ihm«, wie er es bezeichnet, »nicht mehr allzuviel los war«. Der tragische Tod seiner zweiten Frau, Hertha Feiler, der Mutter seines Sohnes Peter, hatte ihn furchtbar getroffen. Herthie hat ihn wieder an das Leben glauben lassen. »Sie ist in allem viel optimistischer«, sagt er, »während ich oft denke: ›Na, ob das wohl gutgeht?‹«

Sie ist auch sein »Außenminister« zum Schutz vor ungebetenen Besuchern, die aus allen Teilen Deutschlands schreiben, ihren Besuch ankündigen und tatsächlich ein paar Wochen später vor der Tür stehen. Mit Blumen, mit Konfekt, mit Selbstgebasteltem. Sie begreifen nicht, daß Heinz, den sie für ihren besten Freund gehalten haben, sie nicht ins Wohnzimmer bittet.

Bekanntlich hat Popularität ihren Preis – Heinz Rühmann bezahlt ihn mit dem Verzicht auf einen Teil seines Privatlebens: kein Schaufensterbummel mehr, kein Restaurantbesuch – denn die Autogrammjäger bilden sofort eine Schlange vor seinem Tisch.

Die Einwohner des lieblichen Ortes Aufkirchen am Starnberger See, wohin Rühmann auf der Flucht vor dem laut und lärmend gewordenen Münchner Prominentenviertel Grünwald gezogen ist, haben Verständnis dafür, daß der Star allein gelassen werden möchte. So kann er stundenlang am Fenster stehen, den Himmel, die Vögel, die Eichhörnchen beobachten. Alles ist für ihn ein Wunder. Heinz Rühmann hat sich das bewahrt, was viele Menschen verloren haben: die Freude an den scheinbar nebensächlichen Dingen des Lebens.

Er und sie, Heinz und Herthie, leben in Harmonie. Was das ist, drückt Heinz Rühmann so aus: »Wieso fange ich gleichzeitig mit meiner Frau denselben Satz an? Warum spricht sie Sekunden früher aus, was ich empfinde? Ich glaube, daß ein Gefühl des Zusammengehörens dies bewirkt. Und die Leute nennen es Harmonie – vielleicht, weil sie sich scheuen, das Wort ›Liebe‹ auszusprechen.«

Seine körperliche Fitneß erlaubte ihm noch bis ins hohe Alter das Golfspiel – und 1980, als er seinen Pilotenschein schon ein halbes Jahrhundert besaß, verlief die Flugtauglichkeitsuntersuchung wieder ganz glatt. So glatt, daß ihn der Arzt fragte, wo er eigentlich sein EKG machen ließe. Da versprach er dann seiner Frau, Schluß zu machen und nicht mehr als achtzigjähriger Ikarus hinter den Steuerknüppel zu gehen. Dieses Versprechen hat er dann auch (fast) eingehalten ...

Natürlich wurde, wie wir alle, auch Heinz Rühmann immer wieder an die Vergänglichkeit des menschlichen Seins erinnert. Als Helmut Käutner im April 1980 stirbt, kann er an den Trauerfeierlichkeiten nicht teilnehmen, da er selbst·um seinen Bruder Hermann trauert. Der Diplom-Landwirt starb im Alter von achtzig Jahren in München.

Heinz Rühmann glaubt an ein Leben nach dem Tod: »Dieser wundersame Organismus namens Mensch, geschaffen nach dem Ebenbild, wie es in der Bibel heißt, und dann einfach Schluß – nein, das kann ich nicht glauben«, sagt er. Und fügt hinzu, daß »es doch ganz trostreich eingerichtet ist, daß wir nicht wissen, wie es drüben in der anderen Welt aussieht, weil es uns hilft, auch das Schwere in unserem Leben zu ertragen«.

Dieser tiefe Ernst, einer der bedeutendsten Charakterzüge Rühmanns, ist wohl auch die Erklärung dafür, daß seine Lieblingsrolle so oft der Clown war. Ihn zu spielen, das bedeutete für ihn die Erfüllung all seiner Wünsche. Denn ein Clown, der ohne Sprache auskommen muß, der sich nur durch Gesten und Mimik ausdrücken kann – das ist für ihn nahezu die absolute Vollkommenheit.

Deshalb war es für ihn ein ganz besonderer Auftritt, als er in einem Sonderkonzert mit Loriot in *Karneval der Tiere – Peter und der Wolf* im Juli 1986 am Stadttheater Aachen mit Hütchen und weißen Handschuhen – allein in einem Lichtkegel stehend – das Chanson vom Clown vor den TV-Kameras vortrug:

»Er wollte alle Menschen immer lachen machen
und machte selbst ein trauriges Gesicht.
Er konnte auch die komischen Sachen machen,
aber selber gelacht hat er nicht.«

Wie sagte Heinz Rühmann doch einmal so treffend: »Lächeln, das ist das Kleingeld des Glücks ...«

Ehrungen und Auszeichnungen

Keinem anderen deutschen Schauspieler wurden so viele ehrende
Ernennungen und Auszeichnungen zuteil wie Heinz Rühmann:

1938	**Medaille** für die beste schauspielerische Leistung der Biennale in Venedig
1940	**Staatsschauspieler**
	Goldene Ehrennadel des dänischen Fliegerclubs
1955	**Ehrenmitglied** der Internationalen Artistenloge
1957	**Golden Gate** – Preis der Internationalen Filmfestspiele in San Francisco
	Kunstpreis der Stadt Berlin
	Bundesfilmpreis
1959	**Ernst-Lubitsch-Preis**

*Das Große Bundesverdienstkreuz mit Stern für Heinz Rühmann. 1972 über-
reicht vom damaligen bayerischen Ministerpräsidenten Alfons Goppel.
Links Rühmanns Sohn Peter aus der Ehe mit Hertha Feiler.*

1961	**Preis der deutschen Filmkritik**
	Bundesfilmpreis mit dem Filmband in Gold
	Golden Globe – Preis der Auslandspresse in den USA
1962	**Goldener Bambi** – Burda-Verlag
1963	**Goldener Bambi**
1964	**Goldener Bambi**
1966	**Großes Bundesverdienstkreuz**
	Goldener Bambi
	Silberner Bildschirm der Zeitschrift *TV Hören und Sehen*
1967	**Goldener Bildschirm** der Zeitschrift *TV Hören und Sehen*
	Goldener Bambi

Heinz Rühmann mit Bundespräsident Walter Scheel 1977 – im Hintergrund der schleswig-holsteinische Ministerpräsident Stoltenberg.

1968	**Goldener Bildschirm** der Zeitschrift *TV Hören und Sehen*
	Goldener Bambi
1969	**Goldener Bambi**
1971	**Goldener Bambi**
1972	**Großes Bundesverdienstkreuz** mit Stern und Schulterband
	Goldener Bambi
1973	**Goldene Leinwand** des Hauptverbandes Deutscher Filmtheater
	Goldener Bambi
1977	**Kultureller Ehrenpreis** der Stadt München
1978	**Goldener Bambi**
	Vorsitzender des Vereins zur Förderung der Münchner Kammerspiele e. V.
1979	**Goldene Kamera** der Zeitschrift *HÖR ZU*
1980	**Goldene Verdienstmedaille** der Luftrettungsstaffel Bayern
1981	**Silbermedaille** des 24. Internationalen Film- und TV-Festivals von New York
	Bayerischer Maximiliansorden für Wissenschaft und Kunst
1982	**Goldene Ehrenmünze** der Stadt München
	Silberner Chaplin-Stock des Verbandes Deutscher Filmkritiker
1984	**Bayerischer Maximiliansorden für Wissenschaft und Kunst**
	Goldener Bambi für Gesamtleistung
1985	**Jaroslav-Hašek-Medaille** des tschechischen Films
1986	**Ehrenpreis** des Bayerischen Filmpreises
1987	**Ehrung** durch Bundespräsident Richard v. Weizsäcker
1989	**Auszeichnung** mit dem Professorentitel durch den Ministerpräsidenten des Landes Nordrhein-Westfalen, Johannes Rau

Heinz Rühmann im Theater

Diese chronologische Übersicht erhebt nicht den Anspruch auf Vollständigkeit, sondern will lediglich Heinz Rühmanns Bühnenlaufbahn skizzieren.

vor
1920   **Der Müller und sein Kind** (E. Raupach)
       München – Theatervereinsaufführung
       Rose Bernd (Gerhart Hauptmann)
       Breslau – Thalia-Theater
       Die Büchse der Pandora (Frank Wedekind)
       Breslau – Lobe-Theater
1921   **Don Juan und Faust** (Christian Dietrich Grabbe)
       Regie: Dr. Friedrich Walkhoff
       Hannover – Residenztheater
       Des Meeres und der Liebe Wellen
       (Franz Grillparzer)
       Hannover – Residenztheater
       Sommernachtstraum (William Shakespeare)
       Hannover – Residenztheater
       Der Hüttenbesitzer (Georges Ohnet)
       Regie: Carl Wilhelm Burg
       Hannover – Residenztheater
       Das tapfere Schneiderlein (Bearb. H. Römer)
       Hannover – Residenztheater
       Der Raub der Sabinerinnen (Franz und Paul Schönthan)
       Regie: Robert Preuss
       Hannover – Residenztheater
       Die Tänzerin (Melchior Lengyel)
       Regie: Carl Wilhelm Burg
       Hannover – Residenztheater
       Frau Holle oder **Das fleißige und das faule Mädchen**
       (C. A. Görner)
       Hannover – Residenztheater
1922   **Das Tal des Lebens** (Max Dreyer)
       Regie: Carl Wilhelm Burg
       Hannover – Residenztheater

Beethoven (W. Weber-Brauns)
Regie: Carl Wilhelm Burg
Hannover – Residenztheater
Fremde Frau (Alexandre Bisson)
Hannover – Residenztheater
Der Mustergatte (Avery Hopwood)
17 Aufführungen
Bremen – Schauspielhaus

1922/23 **Der Schwarzkünstler** (Emil Gött)
27 Aufführungen – Tourneetheater
Was ihr wollt (William Shakespeare)
27 Aufführungen
Bayerische Landesbühne – Tourneetheater

1923 **Schneider Wibbel** (Hans Müller-Schlösser)
München – Schauspielhaus
Des Esels Schatten (August von Kotzebue)
Regie: Hanns Merck
München – Schauspielhaus
Pflicht (P. Krauß)
Regie: Rudolf Hoch
München – Schauspielhaus
Maria Stuart (Friedrich von Schiller)
Regie: Hermine Körner
München – Schauspielhaus
Robert und Bertram (Gustav Raeder)
Regie: Hermine Körner
München – Schauspielhaus

1924 **Die Ehre** (Hermann Sudermann)
Regie: H. F. Gerhard
München – Schauspielhaus
Die Siebzehnjährigen (Max Dreyer)
Regie: Curt Elwenspoek
München – Schauspielhaus
Der Lampenschirm (Curt Goetz)
Der Hund im Hirn (Curt Goetz)
Regie: Otto Stoeckel
München – Schauspielhaus
Kolportage (Georg Kaiser)
Regie: Hanns Merck
München – Schauspielhaus

Die Mary (Siegfried Geyer)
Regie: Hanns Merck
München – Schauspielhaus
Die Erwachsenen (Sling)
Regie: Hanns Merck
München – Schauspielhaus
Kollege Crampton (Gerhart Hauptmann)
München – Schauspielhaus
Regie: Paul Wegener
Der Nebbich (Carl Sternheim)
Regie: Rudolf Hoch
München – Schauspielhaus
Der dunkle Punkt (Ludwig Kadelburg/Rudolf Presber)
München – Schauspielhaus

1925   **Der eingebildete Kranke** (Molière)
Regie: Ludwig Jubelsky
München – Schauspielhaus
Mister Pim will nicht sterben (Alan Alexander Milne)
München – Schauspielhaus
Die Lore (O. E. Hartleben)
München – Schauspielhaus
Max und Moritz (nach Wilhelm Busch von L. Günther)
Regie: Felix Gluth
München – Kammerspiele, Augustenstraße
Zu ebener Erde und erster Stock (Johann Nestroy)
Regie: Rudolf Hoch
München – Kammerspiele, Augustenstraße

1926   **Der mutige Seefahrer** (Georg Kaiser)
Regie: Hans Schweikart
München – Kammerspiele, Augustenstraße
Kopf oder Schrift (Louis Verneuil)
Regie: Otto Falckenberg
München – Kammerspiele, Augustenstraße
Das Extemporale (Hans Sturm/Moritz Färber)
Regie: Rudolf Hoch
München – Kammerspiele, Augustenstraße
Der Schlafwagenkontrolleur (Alexandre Bisson)
Regie: Robert Forster-Larrinaga
München – Kammerspiele, Augustenstraße

Der Glückspilz (Gustav Rickelt)
Regie: Rudolf Hoch
München – Schauspielhaus
Kollege Crampton (Gerhart Hauptmann)
Regie: Rudolf Hoch
München – Schauspielhaus
Mein Freund Teddy (Rivoire/Besuard)
Regie: Richard Révy
München – Kammerspiele, Augustenstraße
Ein idealer Gatte (Oscar Wilde)
München – Kammerspiele, Augustenstraße
Der Igel (Toni Impekoven u. Hans Reimann)
Regie: Max Brückner
München – Kammerspiele, Augustenstraße
Das Extemporale (H. Sturm/M. Färber)
München – Kammerspiele im Schauspielhaus
Dantons Tod (Georg Büchner)
Regie: Otto Falckenberg
München – Kammerspiele im Schauspielhaus
Gefallene Engel (Noel Coward)
Regie: Robert Forster-Larrinaga
München – Kammerspiele im Schauspielhaus
Mensch und Übermensch (George Bernard Shaw)
Regie: Robert Forster-Larrinaga
München – Kammerspiele im Schauspielhaus
Die Durchgängerin (Ludwig Fulda)
Regie: Robert Forster-Larrinaga
München – Kammerspiele im Schauspielhaus
Neidhardt von Gneisenau (Wolfgang Götz)
Regie: Otto Falckenberg
München – Kammerspiele im Schauspielhaus
Die letzte Hexe (Gastspiel Konrad Dreher)
Regie: Otto Framer
München – Kammerspiele im Schauspielhaus
1927 **Theo macht alles** (Nancey/Armont)
München – Kammerspiele im Schauspielhaus
Der dreimal tote Peter (Sling)
Regie: Otto Falckenberg
München – Kammerspiele im Schauspielhaus

Die zwei Abenteurer (nach »Farquhar« von Otto Zoff)
Regie: Otto Zoff
München – Kammerspiele im Schauspielhaus
Lockvögel (Russel/Medcraft/Mitchell)
Regie: Robert Forster-Larrinaga
Berlin – Deutsches Theater/Kammerspiele
Papiermühle (Georg Kaiser)
Regie: Berthold Viertel
Berlin – Deutsches Theater/Kammerspiele
Théodore & Co. (Nancey/Armont)
Regie: Iwan Schmith
Wien – Theater in der Josephstadt
Mädel von heute (G. Davis)
Regie: Richard Révy
München – Kammerspiele im Schauspielhaus
Der Mustergatte (Avery Hopwood)
Regie: Richard Révy
München – Kammerspiele im Schauspielhaus
Monsieur Helene (Siegfried Geyer/Frank)
München – Kammerspiele im Schauspielhaus
Ein Sommernachtstraum (William Shakespeare)
Regie: Max Reinhardt
Salzburg – Festspielhaus
Papiermühle (Georg Kaiser)
Regie: Hans Schweikart
München – Kammerspiele im Schauspielhaus
Kukuli (A. Jager-Schmidt)
München – Kammerspiele im Schauspielhaus
Fuhrmann Henschel (Gerhart Hauptmann)
Regie: Max Werner Lenz
München – Kammerspiele im Schauspielhaus
Der Hexer (Edgar Wallace)
Regie: Robert Forster-Larrinaga
München – Kammerspiele im Schauspielhaus
Liebes Leid und Lust (William Shakespeare)
Regie: Otto Falckenberg
Die Buhlschwester (nach »Plautus« von
J. M. Reinhold Lenz)
Regie: Otto Falckenberg
München – Kammerspiele im Schauspielhaus

Heinz Rühmann mit Erika von Thellmann in der Komödie ›Das Früchtchen‹ von G. Gignoux und J. Théry. Kammerspiele im Schauspielhaus, München 1927.

Das Früchtchen (G. Gignoux/J. Théry)
München – Kammerspiele im Schauspielhaus
Peripherie (Frantisek Langer)
Regie: Otto Falckenberg
München – Kammerspiele im Schauspielhaus
1928   **XYZ** (Klabund)
Regie: Robert Forster-Larrinaga
München – Kammerspiele im Schauspielhaus
Charleys Tante (Brandon Thomas)
Regie: Rudolf Hoch
München – Kammerspiele im Schauspielhaus
So und so, so geht der Wind (Fritz Knöller)
Regie: Otto Falckenberg
München – Kammerspiele im Schauspielhaus
Du wirst mich heiraten (Louis Verneuil)
Regie: Max Werner Lenz
München – Kammerspiele im Schauspielhaus
Einbruch (Ralph Arthur Roberts/Arthur Landsberger)
Regie: Kurt Reiß
München – Kammerspiele im Schauspielhaus
Die Kassette (Carl Sternheim)
Regie: Wolfgang Hoffmann-Harnisch
Berlin – Deutsches Theater/Komödie
Der Geisterzug (Arnold Riddley)
Regie: Theo Frenkel jun.
München – Kammerspiele im Schauspielhaus
Kleine Komödie (Siegfried Geyer)
Regie: Julius Gellner
München – Kammerspiele im Schauspielhaus
Fräulein Josette, meine Frau (P. Gavault/R. Charvay)
Regie: Hans Schweikart
München – Kammerspiele im Schauspielhaus
Eltern und Kinder (George Bernard Shaw)
Regie: Heinz Hilpert
Berlin – Deutsches Theater/Komödie
1929   **Walzertraum-Revue** (Operette)
Berlin – Deutsches Theater
Die lustigen Weiber von Windsor
(William Shakespeare)
Regie: Heinz Hilpert
Berlin – Deutsches Theater

Aufgang nur für Herrschaften (Siegfried Geyer)
Regie: Leo Mittler
Berlin – Deutsches Theater/Kammerspiele
Kleine Komödie (Siegfried Geyer)
Regie: Julius Gellner
München – Kammerspiele im Schauspielhaus
Soeben erschienen (E. Bourdet)
Regie: Julius Gellner
München – Kammerspiele im Schauspielhaus
Terzett (Ludwig Lenz)
Regie: Richard Ulrich
München – Kammerspiele im Schauspielhaus
Boubouroche/Der Stammgast (Georg Courteline)
Regie: Otto Falckenberg
München – Kammerspiele im Schauspielhaus
Grandhotel (P. Frank)
Regie: Richard Révy
München – Kammerspiele im Schauspielhaus

1930   **Soll man heiraten?** (George Bernard Shaw)
Regie: Karlheinz Martin
Berlin – Deutsches Theater/Komödie
Die Quadratur des Kreises (Valentin Katajew)
Regie: J. Mendelsohn
Berlin – Theater am Schiffbauerdamm

1931   **Grandhotel** (P. Frank)
Regie: Richard Révy
München – Kammerspiele im Schauspielhaus
Wie werde ich reich und glücklich (F. Joachimson)
Regie: Rudolf Hoch
München – Kammerspiele im Schauspielhaus
Ein Strich geht durchs Zimmer (Valentin Katajew)
Regie: Julius Gellner
München – Kammerspiele im Schauspielhaus
Ein freudiges Ereignis (F. Dell/Th. Mitchell)
Regie: Hans-Fritz Gerhard
München – Volkstheater
Charleys Tante (Brandon Thomas)
Regie: Rudolf Hoch
München – Volkstheater

1932	**Der Mustergatte** (Avery Hopwood)
	Regie: Richard Révy
	München – Volkstheater
	Der Mann mit den grauen Schläfen (Ludwig Lenz)
	Berlin
	Der Mustergatte (Avery Hopwood)
	Berlin – Theater in der Stresemannstraße
1933	**Terzett** (Ludwig Lenz)
	Berlin – Theater in der Stresemannstraße
	Der Mustergatte (Avery Hopwood)
	München – Kammerspiele im Schauspielhaus
1934	**Der Mustergatte** (Avery Hopwood)
	Oldenburg i. O. – Staatstheater
1934/35	**Lumpacivagabundus** (Johann Nestroy)
	Regie: Heinz Hilpert
	Berlin – Deutsches Theater
1934/35	**Georges Dandin** (Molière)
	Regie: Heinz Hilpert
	Berlin – Deutsches Theater
1935	**Ihr erster Mann** (Gustav von Moser)
	Regie: Friedrich Domin
	München – Kammerspiele im Schauspielhaus
	Bremen – Schauspielhaus
	Der Mustergatte (Avery Hopwood)
	Bremen – Schauspielhaus
1935/36	**Himmel auf Erden** (Julius Horst)
	München – Kammerspiele im Schauspielhaus
1936/37	**Androkolus und der Löwe** (George Bernard Shaw)
	Regie: Heinz Hilpert
	Berlin – Deutsches Theater
1938	**Der Bridgekönig** (Armont/Marchand)
	Regie: Wolfgang Liebeneiner
	Berlin – Staatstheater/Kleines Haus
1941	**Pygmalion** (George Bernard Shaw)
	Regie: Wolfgang Liebeneiner
	Berlin – Staatstheater/Lustspielhaus
1945	**Der Mustergatte** (Avery Hopwood)
	Tournee durch die Sowjetische Besatzungszone, da amerikanisches Spielverbot im Westen Deutschlands.

Heinz Rühmann in einer Aufführung des Deutschen Theaters, Berlin, 1935, in dem Stück von Molière ›George Dandin‹.

1947 **Der Mustergatte** (Avery Hopwood)
Berlin – Filmbühne Wien
München – Kleine Komödie

1949/50 **Der Mustergatte** (Avery Hopwood)
Regie: Heinz Rühmann
München – Kleine Komödie/Kleines Haus

1950 **Mein Freund Harvey** (Mary Chase)
Regie: Gerhard Metzner
München – Kleine Komödie/Kleines Haus

1951 **Mein Freund Harvey** (Mary Chase)
Regie: Willy Maertens
Hamburg – Thalia-Theater
Mein Freund Harvey (Mary Chase, dt. Alfred Polgar)
Regie: Fritz Remond
Frankfurt – Kleines Theater im Zoo
Anschließend Tournee durch die Städte Bad Hersfeld, Kassel, Siegen, Bad Neuenahr, Ludwigshafen, Bad Kreuznach, Kaiserslautern, Idar-Oberstein, Heidelberg.

1952 **Es bleibt in der Familie** (Louis Verneuil)
Regie: Lukas Amann
Hamburg – Theater am Besenbinderhof

1954 **Warten auf Godot** (Samuel Beckett)
Regie: Fritz Kortner
München – Kammerspiele

1955 **Meine Frau erfährt kein Wort** (George Axelrod)
Regie: Axel von Ambesser
Berlin – Renaissancetheater

1960 **Mein Freund Harvey** (Mary Chase)
Regie: Rudolf Steinboeck
Wien – Akademietheater

1961 **Der Tod des Handlungsreisenden** (Arthur Miller)
Regie: Paul Hoffmann
Wien – Akademietheater

1962 **Der Hauptmann von Köpenick** (Carl Zuckmayer)
Regie: August Everding
München – Kammerspiele

1972 **Der Hausmeister** (Harold Pinter)
Regie: August Everding
München – Kammerspiele

Und noch einmal auf der Bühne: Heinz Rühmann und Michael Schwarz-maier (rechts) in Harold Pinters ›Der Hausmeister‹ (Münchner Kammer-spiele, 28. 10. 1972 – Inszenierung August Everding).

1974   **Sonny-Boys** (Neil Simon)
        Regie: Boleslaw Barlog
        München – Kammerspiele
1975   **Die Fledermaus**
        Regie: Herbert von Karajan
        Wien – Staatsoper

Die Kinofilme von Heinz Rühmann

Bei den mit * bezeichneten Filmen führte Heinz Rühmann Regie.

1926   **Das deutsche Mutterherz** (Stummfilm)
›Das Hohelied der deutschen Mutterliebe‹
Produktion: Ewe. Regie: Geza von Bolvary-Zahn. Drehbuch: Margarete-Maria Langen. Musik: Hans May.
Darsteller: Margarete Kupfer, Ellen Kürti, Vera Veronina, Helene von Bolvary, Julius Messaros, Heinz Rühmann, Léon Epp.
Heinz Rühmann als völlig mißratener, gewalttätiger Sohn.
Uraufführung: 28.7.1926 – Alhambra, Berlin

1927   **Das Mädchen mit fünf Nullen** (Stummfilm)
›Das große Los‹, auch ›Der Haupttreffer‹
Produktion: Rex. Regie: Kurt Bernhardt. Drehbuch: Bela Balázs.
Darsteller: Elza Temary, Marcell Salzer, Adele Sandrock, Elsa Wagner, Paul Bildt, Veit Harlan, Heinz Rühmann.
Uraufführung: 2.12.1927 – Picadilly, Berlin

1930   **Die Drei von der Tankstelle**
Produktion: Ufa. Regie: Wilhelm Thiele. Drehbuch: Franz Schulz, Paul Frank. Musik: Werner R. Heymann.
Darsteller: Lilian Harvey, Willy Fritsch, Oskar Karlweis, Heinz Rühmann, Fritz Kampers, Olga Tschechowa, Kurt Gerron, Felix Bressart, Gertrude Wolle und die Comedian Harmonists.
Heinz Rühmann als junger Mann Hans, der während der Weltwirtschaftskrise mit zwei anderen für sein letztes Geld eine Tankstelle kauft und sich um Publikumsliebling Lilian Harvey bemüht.
Uraufführung: 15.9.1930 – Gloria-Palast, Berlin

1930   **Einbrecher**
Produktion: Ufa. Regie: Hanns Schwarz. Drehbuch: Robert Liebmann, Louis Verneuil. Musik: Friedrich Hollaender.
Darsteller: Lilian Harvey, Willy Fritsch, Ralph Arthur

›Meine Frau, die Hochstaplerin‹ entstand 1931 unter der Regie von Kurt Gerron. In den Hauptrollen Heinz Rühmann und Käthe von Nagy.

Roberts, Heinz Rühmann, Oskar Sima, Kurt Gerron, Paul Henckels, Gertrude Wolle, M. Koeppke.
Heinz Rühmann als eleganter junger Mann Sérigny mit manchmal vergeblich heldenhaften Posen.
Uraufführung: 16.12.1930 – Gloria-Palast, Berlin

1931   **Der Mann, der seinen Mörder sucht**
Produktion: Ufa. Regie: Robert Siodmak. Drehbuch: Ludwig Hirschfeld, Curt Siodmak und Billie Wilder. Nach dem Bühnenstück von Ernst Neubach. Musik: Friedrich Hollaender.
Darsteller: Heinz Rühmann, Lien Deyers, Raimund Janitschek, Hans Leibelt, Hermann Speelmans, Friedrich Hollaender, Franz Fiedler, Eberhard Mack.
Heinz Rühmann als Selbstmordkandidat Hans Herfort im mit karikierender Überspitzung gezeichneten Ganovenmilieu.
Uraufführung: 5.2.1931 – Gloria-Palast, Berlin

1931   **Bomben auf Monte Carlo**
Produktion: Ufa. Regie: Hanns Schwarz. Drehbuch: Hans Müller, Franz Schulz. Nach dem gleichnamigen Roman von Friedrich Reck-Malleczewen. Musik: Werner R. Heymann.
Darsteller: Hans Albers, Anna Sten, Heinz Rühmann, Ida Wüst, Karl Ettlinger, Kurt Gerron, Peter Lorre, Otto Wallburg, Bruno Ziener, Rachel Devirys, C. Kullmann.
Heinz Rühmann als recht kriegerischer Seemann Peter.
Uraufführung: 31.8.1931 – Ufa-Palast am Zoo, Berlin

1931   **Meine Frau, die Hochstaplerin**
Produktion: Ufa. Regie: Kurt Gerron. Drehbuch: Ernst Wolff, Dr. Fritz Zeckendorf, Philipp Lothar Mayring. Musik: Willi Kollo u. Hans Schindler.
Darsteller: Heinz Rühmann, Käthe von Nagy, Fritz Grünbaum, Hermann Vallentin, Alfred Abel, Maly Delschaft, Theo Lingen, Hans Waßmann, Else Heims, Hubert von Meyerinck, Julius Brandt.
Heinz Rühmann als nüchtern sparsamer Bankbeamter Peter Bergmann, der durch die geschickte Mithilfe seiner Frau dann doch noch Mitdirektor eines großen Werkes wird.
Uraufführung: 18.9.1931 – Gloria-Palast, Berlin

1931   **Der brave Sünder**
Produktion: Allianz. Regie: Fritz Kortner. Drehbuch: Alfred Polgar, Fritz Kortner. Musik: Nikolaus Brodszky, Artur Guttmann.

Heinz Rühmann in ›Man braucht kein Geld‹ (1931).

Mit Hans Moser in ›Man braucht kein Geld‹ (1931). Hier ist allerdings nicht ganz zweifelsfrei erwiesen, ob man nun wirklich kein Geld braucht.

Darsteller: Max Pallenberg, Heinz Rühmann, Dolly Haas, Josefine Dora, Fritz Grünbaum, Peter Wolff, Julius Brandt, Louis Ralph, Ekkehard Arendt, Rose Pointexter.

Heinz Rühmann als als Defraudant verdächtigter treuer Gehilfe Wittek.

Uraufführung: 22.10.1931 – München

1931 **Der Stolz der 3. Kompagnie**
Produktion: D.L.S. Regie: Fred Sauer. Drehbuch: Friedrich Raff. Nach einer Idee von Wilhelm Harstein. Musik: Hans May.

Darsteller: Heinz Rühmann, Adolf Wohlbrück, Eugen Burg, Ferdinand von Alten, Josef Peterhans, Walter Steinbeck, Viktor de Kowa, Fritz Kampers, Rudolf Platte, Heinz Förster-Ludwig, Herbert Nußbaum, Paul Henckels.

Heinz Rühmann als Musketier Gustav Diestelbeck, der in falscher Leutnantsuniform die Kompanie durcheinanderbringt, sie aber im entscheidenden Moment rettet.

Uraufführung: 4.1.1932 – Tauentzien-Palast und Titania-Palast, Berlin

1931 **Man braucht kein Geld**, auch: **Der Onkel aus Amerika**
Produktion: Allianz. Regie: Carl Boese. Drehbuch: Karl Noti, Hans Wilhelm. Nach dem gleichnamigen Theaterstück von F. Altenkirch. Musik: Artur Guttmann.

Darsteller: Heinz Rühmann, Hans Moser, Hans Junkermann, Ida Wüst, Hedy Kiesler, Kurt Gerron, Paul Henckels, Hans Hermann-Schaufuß, Heinrich Schroth, Fritz Odemar, Leopold von Ledebur.

Heinz Rühmann als kleiner Bankangestellter namens Schmidt, der durch Tüchtigkeit und einen kleinen Schwindel eine Kleinstadt zu Wohlstand und Ansehen bringt.

Uraufführung: 5.2.1932 – Capitol, Berlin

1932 **Es wird schon wieder besser**
Produktion: Ufa. Regie: Kurt Gerron. Drehbuch: Philipp Lothar Mayring, Dr. Fritz Zeckendorf. Musik: Walter Jurmann, Bronislav Kaper.

Darsteller: Heinz Rühmann, Paul Otto, Dolly Haas, Fritz Grünbaum, Oskar Sima, Ferdinand von Alten,

Gerhard Bienert, Paul Henckels, Fritz Odemar, Oscar Sabo, Hans Waßmann, Paul Westermeier, Gertrude Wolle.

Heinz Rühmann als arbeitsloser Diplomingenieur Fred Holmer, der später als Konstruktionskanone erkannt wird.

Uraufführung: 6.2.1932 – Gloria-Palast, Berlin

1932   **Strich durch die Rechnung**

Produktion: Ufa. Regie: Alfred Zeisler. Drehbuch: Philipp Lothar Mayring, Dr. Fritz Zeckendorf. Nach der gleichnamigen Komödie von Fred A. Angermayer. Musik: Hans-Otto Borgmann.

Darsteller: Heinz Rühmann, Margarete Kupfer, Hermann Speelmans, Jakob Tiedtke, Toni van Eyck, Gustl Stark-Gstettenbaur, Ludwig Stössel, Flockina von Platen, Fritz Odemar, Harry Hardt, Fritz Kampers, Otto Wallburg, Hans Hermann-Schaufuß.

Heinz Rühmann als junger Radrennfahrer Willy Streblow, der die Schiebungen der Veranstalter nicht mitmacht und zum vielumjubelten Sieger wird.

Uraufführung: 25.10.1932 – Ufa-Palast am Zoo, Berlin

1933   **Drei blaue Jungs, ein blondes Mädel**

Produktion: Boese. Regie: Carl Boese. Drehbuch: Marie Luise Droop. Musik: Eduard Künneke.

Darsteller: Charlotte Ander, Heinz Rühmann, Friedrich Benfer, Fritz Kampers, Hans Richter, Gerhard Dammann.

Heinz Rühmann in dem Matrosenschwank als Kadett Heini Jäger.

Uraufführung: 2.10.1933 – Atrium und Titania-Palast, Berlin

1933   **Es gibt nur eine Liebe**

Produktion: Badal. Regie: Johannes Meyer. Drehbuch: Georg C. Klaren. Musik: Eduard Künneke.

Darsteller: Louis Graveure, Heinz Rühmann, Ralph Arthur Roberts, Jenny Jugo, Eva Eras, Martha Ziegler.

Rühmann als Ballettmeister Eddy Blattner, der versehentlich für einen verwilderten Banditen gehalten wird.

Uraufführung: 16.11.1933 – Stuttgart

1933   **Heimkehr ins Glück**
Produktion: ABC. Regie: Carl Boese. Drehbuch: Ludwig von Wohl, Graf d'Haussonville. Musik: Eduard Künneke.
Darsteller: Luise Ullrich, Heinz Rühmann, Paul Hörbiger, Erika Falgar, Ludwig Stössel, Harry Gondi, Hans Albin, Wolfgang Staudte, Paul Heidemann.
Heinz Rühmann als internationaler Tierdresseur und Illusionist Amadori in einem volkstümlichen Verwechslungslustspiel.
Uraufführung: 18.8.1933 – U. T. Kurfürstendamm, Titania-Palast, Berlin

1933   **Lachende Erben**
Produktion: Ufa. Regie: Max Ophüls. Drehbuch: Trude Herka. Musik: Clemens Schmalstich.
Darsteller: Heinz Rühmann, Max Adalbert, Ida Wüst, Walter Janssen, Lien Deyers, Lizzi Waldmüller, Julius Falkenstein, Friedrich Ettel.
Rühmann als gewandter, gerissener Propagandist und Reisevertreter Peter Frank, der die Tochter des Konkurrenten heiratet und ein Schaumwein-Imperium erbt.
Uraufführung: 6.3.1933 – Berlin, Kurfürstendamm

1933   **Ich und die Kaiserin**
Produktion: Ufa. Regie: Friedrich Hollaender. Drehbuch: Walter Reisch, Robert Liebmann. Nach einer Idee von Felix Salten. Musik: Franz Wachsmann.
Darsteller: Mady Christians, Conradt Veidt, Lilian Harvey, Heinz Rühmann, Friedel Schuster, Hubert von Meyerinck, Julius Falkenstein, Hans Hermann-Schaufuß, Heinrich Gretler, Hans Deppe.
Heinz Rühmann als junger Kapellmeister Didier am Hofe der lebenslustigen Kaiserin Eugenie.
Uraufführung: 22.2.1933 – Gloria-Palast, Berlin

1933   **Die Finanzen des Großherzogs**
Produktion: Tofa. Regie: Gustaf Gründgens. Drehbuch: Hans Rameau. Nach dem gleichnamigen Roman von Frank Heller. Musik: Theo Mackeben.
Darsteller: Viktor de Kowa, Hilde Weissner, Paul Henckels, Heinz Rühmann, Maria Loja, Fritz Alberti, Theo Lingen.

1934: Mit Hilde Weißner in ›Die Finanzen des Großherzogs‹, einer Komödie mit viel Musik von Theo Mackeben. Regie: Gustaf Gründgens.

Heinz Rühmann als junger Detektiv Pelotard, der durch seine Voreiligkeit und Ungeschicklichkeit für Irrungen und Wirrungen sorgt.

Uraufführung: 10.1.1934 – Capitol, Berlin

1933 **So ein Flegel**

Produktion: Cicero. Regie: Robert Adolf Stemmle. Drehbuch: Hans Reimann. Nach dem Roman *Die Feuerzangenbowle* von Heinrich Spoerl. Musik: Harald Bohmelt.

Darsteller: Heinz Rühmann, Ellen Frank, Inge Konradi,

In ›So ein Flegel‹ (1934) hatte Heinz Rühmann seine erste große Hauptrolle und brachte sein komisches Talent voll zur Entfaltung. Nach Heinrich Spoerls Roman ›Die Feuerzangenbowle‹ wurde dieser Schwank zehn Jahre später erneut verfilmt.

Franz Klebusch, Jakob Tiedtke, Annemarie Sörensen, Else Bötticher, Oskar Sima, Karl Platen, Rudolf Platte, Anita Mey, Rudolf Klicks.
Heinz Rühmann in der Doppelrolle des Oberprimaners Erich Pfeiffer und des Schriftstellers Dr. Hans Pfeiffer.
Uraufführung: 13.2.1934 – U. T. Kurfürstendamm, Berlin

1934   **Heinz im Mond**
Produktion: Cicero. Regie: Robert A. Stemmle. Drehbuch: Robert A. Stemmle. Nach dem Roman *Ein Herz und zwei Strohmatten* von Marcel Arnac. Musik: Franz Grothe.
Darsteller: Heinz Rühmann, Rudolf Platte, Annemarie Sörensen, Oskar Sima, Erika Glässner, Ellen Frank, Anita Mey, Hans Leibelt, Inge Konradi, Alexa von Porembsky, Fita Benkhoff.

Heinz Rühmann als abergläubischer Erbe eines Porzellanwerkes, Aristides Nessel, der seine Sekretärin heiratet.

Uraufführung: 5.9.1934 – U. T. Kurfürstendamm, Berlin

1934   **Frasquita**

Produktion: Atlantis. Regie: Carl Lamac. Drehbuch: Dr. Georg Klaren. Nach der gleichnamigen Operette von Franz Lehár. Musik: Franz Lehár.

Darsteller: Jarmila Novotna, Hans Heinz Bollmann, Heinz Rühmann, Max Gülstorff, Charlott Daudert, Hans Moser, Rudolf Carl, Franz Schafheitlin, Gretl Wawra, Franz Lehár.

Heinz Rühmann als junger Privatgelehrter und Musikfreund Hippolyt, der die Dinge wieder in die rechten Geleise bringt.

Uraufführung: 18.9.1934 – Atrium, Berlin

1934   **Pipin, der Kurze**

Produktion: Alpha. Regie: Carl Heinz Wolff. Drehbuch: Georg Zoch. Musik: Franz Doelle.

Darsteller: Heinz Rühmann, Charlott Serda, Paul Heidemann, Hans Junkermann, Hilde Hildebrand, Walter von Lennep, Günther Ballier, Arthur Reppert.

Heinz Rühmann als überaus korrekter, konsequenter und pünktlicher Warenhauskassier August Pippin, der wegen eines 300-Mark-Mißverständnisses mit Todesgedanken für beunruhigendes Durcheinander sorgt.

Uraufführung: 31.3.1934 – Mozartsaal, Berlin

1934   **Ein Walzer für Dich**

Produktion: Badal. Regie: Georg Zoch. Drehbuch: Hans H. Zerlett, Georg Zoch. Musik: Will Meisel.

Darsteller: Louis Graveure, Camilla Horn, Heinz Rühmann, Maria Sazarina, Adele Sandrock, Theo Lingen, Fritz Odemar, Wilhelm Bendow, Max Ralf-Ostermann.

Heinz Rühmann als Komponist, Kapellmeister und später Adjutant Benjamin Cortes, eines vermeintlichen Staatsoberhauptes.

Uraufführung: 12.8.1934 – Mainz

1935   **Der Himmel auf Erden**

Produktion: Projectograph, Wien. Regie: E. W. Emo.

Mit Ellen Frank und Gustav Waldau (Bildmitte) als Jockey in dem Filmlust-spiel ›Der Außenseiter‹ (1935). Aus dem Außenseiter wurde ein Spitzen-reiter. Regie: Hans Deppe.

Der Durchbruch ist endlich gelungen. Heinz Rühmann mit Wilhelm Bendow (rechts) in ›Wer wagt gewinnt‹ / ›Bezauberndes Fräulein‹ (1935), einem musi-kalischen Lustspiel mit der Musik von Ralph Benatzky.

Willi Forst engagierte den jungen Komikerstar Heinz Rühmann 1936 für sein Lustspiel ›Allotria‹. Mit viel Musik (Peter Kreuder) und allerlei kuriosen Verwechslungen – der Erfolg dieses leichten Filmgenres war ständig an den Kinokassen zu messen (im Bild v. links: Renate Müller, Jenny Jugo, Adolf Wohlbrück und Heinz Rühmann).

Der Erfolg von ›Der Himmel auf Erden‹ wird fortgesetzt. In den Studios der Projectograph in Wien entsteht 1936 das Lustspiel ›Ungeküßt soll man nicht schlafen geh'n‹; Regie: E. W. Emo, und wieder mit der Musik von Robert Stolz (im Bild v. links: Heinz Rühmann, Hans Moser, Susi Lanner, Annie Rosar).

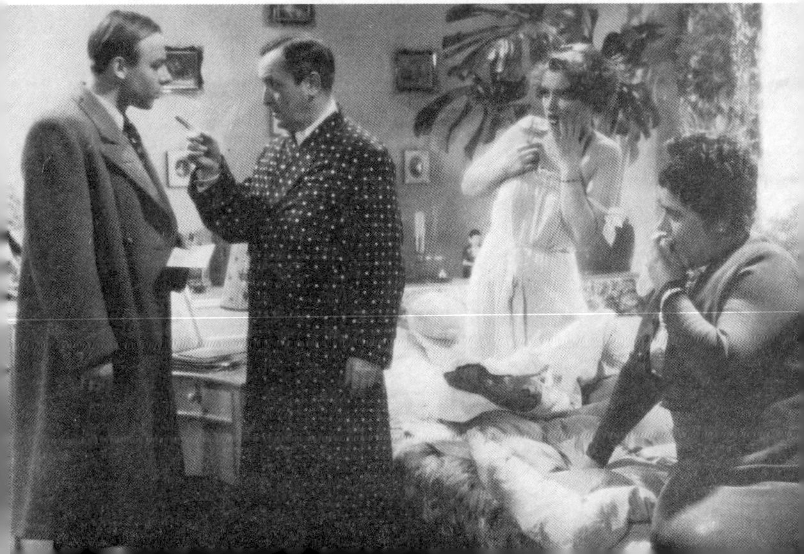

Drehbuch: Georg Zoch. Nach dem gleichnamigen Bühnenstück von Julius Horst. Musik: Robert Stolz.
Darsteller: Hermann Thimig, Lizzi Holzschuh, Hans Moser, Heinz Rühmann, Adele Sandrock, Ilona von Hajmassy, Theo Lingen, Rudolf Carl.
Heinz Rühmann als Gutsbesitzer Peter Hilpert, der seinem Freund so sehr behilflich ist, daß es zu allerlei Komplikationen kommt.
Uraufführung: 21.3.1935

1935 **Wer wagt – gewinnt!**
›Bezauberndes Fräulein‹
Produktion: Riton. Regie: Walter Janssen. Drehbuch: Ralph Benatzky. Nach dem gleichnamigen Bühnenstück. Musik: Ralph Benatzky, Siegfried Schulz.
Darsteller: Heinz Rühmann, Lizzi Holzschuh, Carl Günther, Annemarie Sörensen, Walter Steinbeck, Oscar Sabo, Ursula Herking, Wilhelm Bendow, Carsta Löck, Kurt Vespermann.
Heinz Rühmann als kleiner Angestellter Paul Normann, der mit einem Werbespruch ein Preisausschreiben und das Wohlwollen seines Chefs gewinnt sowie dessen Tochter Luise erobert.
Uraufführung: 9.7.1935 – Titania-Palast, Berlin

1935 **Der Außenseiter**
Produktion: Bavaria. Regie: Hans Deppe. Drehbuch: Josef Stolzing-Czerny. Musik: Hans Carste.
Darsteller: Heinz Rühmann, Ernst Dumcke, Gina Falkenberg, Karel Stepanek, Friedrich Benfer, Gustav Waldau, Ellen Frank, Willi Schur, Hans Junkermann, Alexa von Porembsky, Gerhard Dammann.
Heinz Rühmann als Handwerksbursche Peter Bang, der sich als Kunstreiter versucht.
Uraufführung: 14.11.1935 – München

1935 **Eva**
Produktion: Atlantis, Wien. Regie: Johannes Riemann. Drehbuch: Ernst Marischka. Nach der gleichnamigen Operette von Franz Lehár.
Darsteller: Adele Sandrock, Hans Söhnker, Heinz Rühmann, Magda Schneider, Ferdinand Maierhofer, Hans Moser, Mimi Shorp, Franz Schafheitlin, Fritz Puchstein.

Heinz Rühmann als Porzellanhändler Willibald Riegele, der in den Verdacht des Raubmords gerät.

Uraufführung: 25.7.1935 – Ufa-Palast am Zoo, Berlin

1936 **Ungeküßt soll man nicht schlafen geh'n**
(nach 1945: ›Liebe, Küsse, Hindernisse‹)
Produktion: Projectograph, Wien. Regie: E. W. Emo. Drehbuch: Fritz Koselka, Rudolf Bertram. Musik: Robert Stolz.
Darsteller: Liane Haid, Theo Lingen, Hans Moser, Annie Rosar, Susi Lanner, Ivan Petrovich, Heinz Rühmann.
Heinz Rühmann als hilfsbereiter junger Mann Franz Anger, dessen Herz hitzig für eine hübsche Schallplattenfabrikanten-Tochter schlägt.

Uraufführung: 27.2.1936

1936 **Allotria**
Produktion: Cine-Allianz. Regie: Willi Forst. Drehbuch: Jochen Huth, Willi Forst. Musik: Peter Kreuder.
Darsteller: Renate Müller, Jenny Jugo, Adolf Wohlbrück, Hilde Hildebrand, Will Dohm, Heinz Salfner, Toni Tetzlaff.
Heinz Rühmann als sehr reicher Lebemann David, der sich mit seinem Freund, ohne es zu wissen, die Freundin teilt.

Uraufführung: 12.6.1936 – Gloria-Palast, Berlin

1936 **Wenn wir alle Engel wären**
Produktion: Froelich. Regie: Carl Froelich. Drehbuch: Heinrich Spoerl. Nach seinem gleichnamigen Roman. Musik: Hansom Milde-Meißner.
Darsteller: Heinz Rühmann, Leny Marenbach, Lotte Rausch, Elsa Dalands, Harald Paulsen, Hans Herten, Will Dohm, Paul Mederow, Ernst Waldow, Hugo Froelich, Carl de Vogt.
Heinz Rühmann als kleiner, aber wohlachtbarer Kanzleivorsteher Christian Kempenich, der durch das Studium des Kölner Nachtlebens mit seiner Ehefrau in die Zahnräder der Justiz gerät.

Uraufführung: 9.10.1936 – Tauentzien Palast, Berlin

1936 **Lumpacivagabundus**
Produktion: Styria, Wien. Regie: Geza von Bolvary.

Drehbuch: Dr. Max Wallner. Nach Motiven der gleichnamigen Posse von Johann Nestroy. Musik: Hans Lang. Darsteller: Paul Hörbiger, Heinz Rühmann, Hans Holt, Hilde Krahl, Alice Brandt, Fritz Imhoff, Ferdinand Maierhofer, Maria Holst, Hanns Obonya, Traudl Link, Liselotte Nekut.

Heinz Rühmann als trefflicher Schneidergeselle Zwirn.

Uraufführung: 23.12.1936 – Wien

1937 **Der Mann, von dem man spricht**

Produktion: Projectograph. Regie: E. W. Emo. Drehbuch: Hans Sassmann. Musik: Heinz Sandauer.

Darsteller: Heinz Rühmann, Theo Lingen, Hans Moser, Heinz Salfner, Gusti Huber, Gerhard Bienert, Reinhold Haeussermann.

Heinz Rühmann als Zoologiestudent Toni Mathis, der nie nein sagen kann und so zum Löwendompteur wider Willen wird.

Uraufführung: 5.2.1937 – Wien

1937 **Der Mann, der Sherlock Holmes war**

Produktion: Ufa. Regie: Karl Hartl. Drehbuch: Robert A. Stemmle, Karl Hartl. Musik: Hans Sommer.

Darsteller: Hans Albers, Heinz Rühmann, Marieluise Claudius, Hansi Knoteck, Hilde Weissner, Siegfried Schürenberg, Paul Bildt, Hans Junkermann, Eduard von Winterstein, Ernst Legal, Gerhard Dammann, Harry Hardt, Willi Schur, Ernst Waldow.

Heinz Rühmann mit bezwingend trockener Heiterkeit als Sherlock- Holmes-Assistent Dr. Watson.

Uraufführung: 15.7.1937 – Ufa-Palast am Zoo, Berlin

1937 **Der Mustergatte**

Produktion: Imagoton. Regie: Wolfgang Liebeneiner. Drehbuch: Jacob Geis, Hans Albin. Nach dem gleichnamigen Bühnenstück von Avery Hopwood. Musik: Hans Sommer.

Darsteller: Heinz Rühmann, Leny Marenbach, Hans Söhnker, Heli Finkenzeller, Werner Fuetterer, Jola Jobst, Leopold von Ledebur, Alexa von Porembsky, Georg Heinrich Schnell, Richard Ullrich, Angelo Ferrari.

Heinz Rühmann als überaus penibler britischer Bankier

Die Posse ›Lumpacivagabundes‹, 1937 unter der Regie von Geza von Bolvary in Wien entstanden, wurde zu einem Meilenstein in der Geschichte des Komikers Heinz Rühmann. Weitere Hauptrollen: Paul Hörbiger und Hans Holt (rechts).

›Der Mann, von dem man spricht‹ (1937). Heinz Rühmann im Rund der Zirkusmanege.

›Der Mann, der Sherlock Holmes war‹ (1937). Die beiden Damen (Hansi Knoteck und Marieluise Claudius) sind äußerst mißtrauisch, als ihnen Sherlock Holmes (Hans Albers) und Dr. Watson (Heinz Rühmann) im Zug einige Fragen stellen.

William Bartlett, der wider Erwarten doch die Ruhe verlieren und außer sich geraten kann.
Uraufführung: 13.10.1937 – Gloria-Palast, Berlin

1937 **Die Umwege des schönen Karl**
Produktion: Froelich. Regie: Carl Froelich. Drehbuch: Philipp Lothar Mayring, Jacob Geis, Harald Braun. Nach einem Roman von Paul Enderling. Musik: Hansom Milde-Meißner.
Darsteller: Heinz Rühmann, Paul Westermeier, Ernst Legal, Hugo Froelich, Margarete Kupfer, Karin Hardt, Paul Bildt, Sybille Schmitz, Leopold von Ledebur, Carl Günther, Ewald Wenck, Hans Albin, Wilhelm Bendow, Willi Schur.
Heinz Rühmann als allseits beliebter Oberkellner Karl Kramer, der versehentlich für einen Mann der besten Gesellschaft gehalten wird.
Uraufführung: 31.1.1938 – Capitol am Zoo, Berlin

| 1938 | **13 Stühle** |
| | Produktion: Emo. Regie: E. W. Emo. Drehbuch: Per Schwenzen und E. W. Emo. Musik: Nico Dostal. |

Darsteller: Heinz Rühmann, Hans Moser, Annie Rosar, Inge List, Hedwig Bleibtreu, Richard Eybner, Rudolf Carl, Ferdinand Maierhofer, die Wiener Sängerknaben.

Heinz Rühmann als Friseur Felix Rabe, der verzweifelt dem versteckten Vermögen seiner Tante nachjagt.

Uraufführung: 19.9.1938 – Dresden

| 1938 | **Fünf Millionen suchen einen Erben** |
| | Produktion: Majestic. Regie: Carl Boese, Drehbuch: Georg Hurdalek, Jacob Geis. Nach dem gleichnamigen Roman von Harald Baumgarten. Musik: Lothar Brühne. |

Darsteller: Heinz Rühmann, Leny Marenbach, Vera von Langen, Oskar Sima, Heinz Salfner, Claire Reigbert, Albert Florath, Anton Pointner, Otto Stoeckel, Gerhard Dammann, Hans Hemes.

Heinz Rühmann und Leny Marenbach in ›Fünf Millionen suchen einen Erben‹ (1938).

Heinz Rühmann in der Doppelrolle als Staubsaugerverkäufer Peter Pitt und seines Vetters Patrick Pitt mit Stepptanzambitionen.
Uraufführung: 1.4.1938 – Ufa-Palast am Zoo, Berlin

1938 * **Lauter Lügen**
Produktion: Terra. Regie: Heinz Rühmann. Drehbuch: Bernd Hofmann. Nach dem gleichnamigen Bühnenstück von Hans Schweikart. Musik: Michael Jary.
Darsteller: Albert Matterstock, Hertha Feiler, Fita Benkhoff, Hilde Weissner, Johannes Riemann, Ursula Ulrich, Wolfgang Staudte, Paul Bildt.
Uraufführung: 23.12.1938 – Hamburg

1938 **Nanu, Sie kennen Korff noch nicht?**
Produktion: Terra. Regie: Fritz Holl. Drehbuch: Jacob Geis, Peter Francke. Nach dem Roman *Nanu, Sie kennen Holm noch nicht!* von Albrecht Georg von Ihering. Musik: Michael Jary.
Darsteller: Heinz Rühmann, Viktor Janson, Franz Schafheitlin, Fritz Rasp, Karl Meixner, Agnes Straub, Will Dohm, Jakob Tiedtke, Senta Foltin, Rudolf Platte, Günther Lüders, Hubert von Meyerinck, Hermann Pfeifer.
Heinz Rühmann als flötenspielender erfolgreicher Kriminalschriftsteller Niels Korff, der von Ganoven gejagt wird.
Uraufführung: 21.12.1938 – Tauentzien-Palast, Berlin

1939 **Der Florentiner Hut**
Produktion: Terra. Regie: Wolfgang Liebeneiner. Drehbuch: Bernd Hofmann, Horst Budjuhn. Nach der gleichnamigen Komödie von Eugène Labiche. Musik: Michael Jary.
Darsteller: Heinz Rühmann, Herti Kirchner, Christl Mardayn, Paul Henckels, Viktor Janson, Karel Stepanek, Helmut Weiß, Hans Hermann-Schaufuß, Hubert von Meyerinck, Elsa Wagner, Alexa von Porembsky, Paul Bildt, L. von Ledebur, Bruno Fritz, Ernst Legal.
Heinz Rühmann als Herr Farina, der seit frühester Ju-

Besonders glücklich scheint Heinz Rühmann nicht zu sein, obwohl sich ein ›freudiges Ereignis‹ eingestellt hat. ›Hurra! Ich bin Papa‹ entstand 1939.

gend als Muster eines Junggesellen galt, aber plötzlich den Ehrgeiz entwickelt, Ehemann zu werden.
Uraufführung: 4.4.1939 – Magdeburg

1939 **Paradies der Junggesellen**

Produktion: Terra. Regie: Kurt Hoffmann. Drehbuch: Karl Peter Gillmann, Günter Neumann. Nach dem Roman von Johannes Boldt. Musik: Michael Jary.

Darsteller: Heinz Rühmann, Josef Sieber, Hans Brausewetter, Gerda Maria Terno, Hilde Schneider, Trude Marlen, Lotte Rausch, Maly Delschaft, Albert Florath, Paul Bildt, Rudolf Schündler, Eduard Wenck, Lucie Lumera, Gerhard Dammann.

Heinz Rühmann als zweimal geschiedener Beamter Hugo Bartels, der mit zwei Freunden in eine Wohnung zieht, und alle drei finden später durch Heirat ihr Paradies auf Erden.
Uraufführung: 1.8.1939 – Hamburg

1939 **Hurra, ich bin Papa**

Produktion: Cine-Allianz. Regie: Kurt Hoffmann. Drehbuch: Thea von Harbou. Musik: Hans Lang.

Darsteller: Heinz Rühmann, Albert Florath, Walter Schuller, Carola Höhn, Ursula Grabley, Marianne Stanior, Bruno Fritz, Ludwig Schmitz, Ilse Stobrawa, Olga Limburg.

Heinz Rühmann als Junggeselle Peter Olsen, der unvermittelt zu einem vierjährigen Jungen kommt und eine passende Mama sucht, bevor er die echte findet.
Uraufführung: 16.11.1939

1939 * **Lauter Liebe**

Produktion: Terra. Regie: Heinz Rühmann. Drehbuch: Thea von Harbou, Egbert van Putten. Musik: Werner Bochmann.

Darsteller: Hertha Feiler, Rolf Weih, Hansi Arnstaedt, Hans Leibelt, Olga Limburg, Albert Florath, Helmut Weiß, Elsa Wagner, Ilse Stobrawa, Gretl Theimer, Willi Domgraf-Faßbaender, Josefine Dora, Lucie Lumera.
Uraufführung: 16.2.1940 – Köln

1940 **Der Gasmann**

Produktion: Froelich. Regie: Carl Froelich. Drehbuch: Heinrich Spoerl. Musik: Hansom Milde-Meißner.

*Heinz Rühmann als Gasmann Knittel in dem 1941 entstandenen Lustspiel
›Der Gasmann‹.*

Darsteller: Heinz Rühmann, Anny Ondra, Will Dohm,
Erika Helmke, Franz Weber, Kurt Vespermann, Hans
Leibelt, Charlotte Susa, Walter Steinbeck, Reinhard
Kolldehoff, Ewald Wenck, Hans Ulrich, Manfred Meu-
rer, Helmut Weiß, Bruno Ziener, Gisela Schlüter, Oscar
Sabo, Kurt Seifert, Paul Bildt, Hermine Ziegler.
Heinz Rühmann als Gasmann Knittel, dem ein Unbe-

kannter im Schlafwagen für stolze 10.000 Mark seinen Anzug abnimmt.

Uraufführung: 1.8.1941 – Gloria-Palast, Berlin

1940 Kleider machen Leute

Produktion: Terra. Regie: Helmut Käutner. Drehbuch: Helmut Käutner. Nach der gleichnamigen Novelle von Gottfried Keller. Musik: Bernhard Eichhorn.

Darsteller: Heinz Rühmann, Hertha Feiler, Hans Sternberg, Fritz Odemar, Hilde Sessak, Rudolf Schündler, Erich Ponto, Hans Stiebner, Leopold von Ledebur, Franz Weber, Erwin Hoffmann, Helmut Weiß, Aribert Wäscher, Olga Limburg.

Heinz Rühmann als Schneidergeselle Wenzel, der versehentlich in die Rolle eines Grafen gedrängt wird und die Bürger eines Städtchens narrt.

Uraufführung: 16.9.1940 – Konstanz

1940 Wunschkonzert

Produktion: Cine-Allianz. Regie: Eduard von Borsody. Drehbuch: Felix Lützkendorf, Eduard von Borsody. Musik: Werner Bochmann.

Darsteller: Ilse Werner, Carl Raddatz, Heinz Goedecke, Joachim Brennecke, Ida Wüst, Hedwig Bleibtreu, Hans Hermann-Schaufuß, Hans Adalbert Schlettow, Malte Jaeger, Albert Florath, Günther Lüders, Ewald Wenck.

Im Wunschkonzert: Marika Rökk, Heinz Rühmann, Paul Hörbiger, Hans Brausewetter, Josef Sieber, Weiß-Ferdl, Wilhelm Strienz, Albert Bräu und Philharmonisches Orchester Berlin.

Heinz Rühmann mit Hans Brausewetter und Josef Sieber als Trio mit dem Lied ›Das kann doch einen Seemann nicht erschüttern‹.

Uraufführung: 30.12.1940 – Ufa-Palast am Zoo, Berlin

1941 Hauptsache glücklich

Produktion: Bavaria. Regie: Theo Lingen. Drehbuch: Jochen Huth, Rudo Ritter. Nach einer Idee von Walter Forster. Musik: Werner Bochmann.

Darsteller: Heinz Rühmann, Hertha Feiler, Ida Wüst, Hans Leibelt, Annemarie Holtz, Jane Tilden, Fritz Odemar, Max Gülstorff, Hilde Wagener, Arthur Schröder, Karl Ettlinger, Hans Paetsch, Ernst Günther Schiffner.

Heinz Rühmann als kleiner, phlegmatischer Angestellter Axel Roth, der durch einen gutgemeinten Schwindel seiner Frau in Schwierigkeiten gerät.
Uraufführung: 3.4.1941 – Gloria-Palast, Berlin

1941 **Quax, der Bruchpilot**
Produktion: Terra. Regie: Kurt Hoffmann. Drehbuch: Robert A. Stemmle. Nach der gleichnamigen Erzählung von Hermann Grote. Musik: Werner Bochmann.
Darsteller: Heinz Rühmann, Lothar Firmans, Karin Himboldt, Hilde Sessak, Harry Liedtke, Elga Brink, Franz Zimmermann, Kunibert Gensichen, José Held, Manfred Heidmann, Leo Peukert, Beppo Brem, Helmut Weiß, Karl Ettlinger, Karl Heidmann, Wilhelm Bendow, Gertrude Wolle, Gerhard Dammann.
Heinz Rühmann als anfangs widerborstiger und disziplinloser Flieger Otto Groschenbügel, genannt Quax, der dann aber Autorität sehr schätzen lernt.
Uraufführung: 16.12.1941 – Hamburg

1942 * **Sophienlund**
Produktion: Terra. Regie: Heinz Rühmann. Drehbuch: Fritz Peter Buch, Helmut Weiß. Nach der gleichnamigen Komödie von Helmut Weiß und Fritz von Woedtke. Musik: Werner Bochmann.
Darsteller: Harry Liedtke, Käthe Haack, Hannelore Schroth, Fritz Wagner, Robert Tessen, Hans Quest, Christina Sorbon, Jeanette Betghe, Clemens Hasse.
Uraufführung: 26.2.1943 – Berlin

1943 **Ich vertraue dir meine Frau an** auch **Ein toller Junggeselle**
Produktion: Terra. Regie: Kurt Hoffmann. Drehbuch: Bobby E. Lüthge, Helmut Weiß. Nach dem gleichnamigen Theaterstück von Johann von Vaszary. Musik: Werner Bochmann.
Darsteller: Heinz Rühmann, Lil Adina, Werner Fuetterer, Else von Möllendorff, Arthur Schröder, Paul Dahlke, Kurt von Ruffin, Alexa von Porembsky, Willy Witte, Wilhelm Bendow, Gerhard Bienert.
Heinz Rühmann als Peter Trost auf halsbrecherischer Fahrt im Autobus durch Berlin.
Uraufführung: 2.4.1943 – München

1943 **Die Feuerzangenbowle**
Produktion: Terra. Regie: Helmut Weiß. Drehbuch:
Heinrich Spoerl. Nach seinem gleichnamigen Roman.
Musik: Werner Bochmann.
Darsteller: Heinz Rühmann, Karin Himboldt, Hilde
Sessak, Erich Ponto, Paul Henckels, Hans Leibelt, Max
Gülstorff, Margarethe Schön, Hans Richter, Clemens
Hasse, Ewald Wenck, Albert Florath.
Heinz Rühmann als Schriftsteller Dr. Johannes Pfeiffer
und als zwerchfellerschütternder Pennäler Pfeiffer mit
›drei eff‹, Nickelbrille und Schülermütze.
Uraufführung: 28.1.1944 – U. T. Königsstadt und Tau-
entzien-Palast, Berlin

1944 * **Der Engel mit dem Saitenspiel**
Produktion: Terra. Regie: Heinz Rühmann. Drehbuch:
Curt J. Braun, Helmut Weiß. Nach gleichnamigem Büh-
nenstück von Alois Lippl. Musik: Werner Bochmann.
Darsteller: Hertha Feiler, Hans Söhnker, Hans Nielsen,
Susanne von Almassy, Otto Graf, Lina Carstens, Erich
Ponto, Walter Werner.
Uraufführung: 19.12.1944 – Marmorhaus und U. T.
Sternlichtspiele, Berlin

1945 **Quax in Afrika**
(Unter ›Quax in Fahrt‹ vor Kriegsende hergestellt.)
Produktion: Terra. Regie: Helmut Weiß. Drehbuch:
Wolf Neumeister. Nach der Erzählung *Quax auf Abwe-
gen* von Dr. Hermann Grote. Musik: Werner Boch-
mann.
Darsteller: Heinz Rühmann, Hertha Feiler, Karin Him-
boldt, Bruni Löbel, Lothar Firmans, Robert Tessen,
Georg Vogelsang, Beppo Brem, Adolf Fischer, Lutz
Götz, Josef Kamper, Walter Groß, John Pauls-Harding.
Noch vor Kriegsende wurde der Film von der Prüfstelle
zugelassen, gelangte aber nicht mehr zur öffentlichen
Aufführung.
Heinz Rühmann als Fluglehrer Quax, der anfänglich
gegen die Teilnahme von weiblichen Flugschülern ist,
dann aber doch während eines Wettflugs das Ziel und
sein Glück findet.
Uraufführung: 22.5.1953 – bundesweit

1945   **Sag' die Wahrheit** (nicht fertiggestellt)
Produktion: Terra. Regie: Helmut Weiß. Drehbuch:
Ernst Marischka. Nach dem gleichnamigen Lustspiel
von Johann von Vaszary. Musik: Werner Bochmann.
Darsteller: Heinz Rühmann, Hertha Feiler, Susanne von
Almassy, Aribert Wäscher, Eva Maria Meineke, Hans
Brausewetter, Hubert von Meyerinck, Elsa Wagner,
Kurt Vespermann, Else Reval, Ingrid Lutz, Karl Ettlin-
ger, Albert Florath, Erika von Thellmann, Paul Bildt,
Erich Fiedler, Lutz Götz.
Heinz Rühmann als reichlich verwirrter Herr Peter in
einer grotesken Ehe- und Liebeskomödie, die zum Teil
im Nervensanatorium spielt.

1948   **Der Herr vom anderen Stern**
Produktion: Comedia. Regie: Heinz Hilpert. Drehbuch:
Werner Illing, Max Christian Feiler. Nach einer Idee von
Werner Illing. Musik: Werner Egk.
Darsteller: Heinz Rühmann, Anneliese Römer, Hilde
Hildebrand, Hans Cossy, Peter Pasetti, Otto Wernicke,
Erhard Siedel, Bruno Hübner, Rudolf Vogel, Rudolf
Schündler, Bum Krüger, Albert Hehn, Ernst Fritz Für-
bringer.
Heinz Rühmann in der Titelrolle als Außerirdischer, der
irrtümlich auf die Erde gerät und Dinge erlebt, die die
Nachkriegszeit satirisch beleuchten.
Uraufführung: 13.7.1948 – Filmbühne Wien, Berlin

1948 *   **Die kupferne Hochzeit**
Produktion: Comedia. Regie: Heinz Rühmann. Dreh-
buch: Fritz Peter Buch. Nach dem gleichnamigen Thea-
terstück von Svend Rindom. Musik: Werner Bochmann.
Darsteller: Hertha Feiler, Peter Pasetti, Sybille von
Gymnich, Hans Nielsen, Hilde Classen, Bum Krüger,
Erich Ponto, Albert Florath, Georg Vogelsang, Marga-
rete Haagen, Christa Berndl.
Uraufführung: 15.12.1948 – Gloria-Palast, Berlin

1949   **Das Geheimnis der roten Katze**
Produktion: Comedia. Regie: Helmut Weiß. Drehbuch:
Helmut Weiß. Nach einer Idee von Erich Engels. Musik:
Werner Bochmann.
Darsteller: Heinz Rühmann, Gustav Knuth, Angelika

Hauff, Trude Hesterberg, Jakob Tiedtke, Otto Matthies, Erwin Eckersberg, Alwin Lippisch, Erhard Siedel, Hans Cossy, Georg Vogelsang, Willy Friedrichs.

Heinz Rühmann als angeblicher Bandenchef André in der Bar ›Zur roten Katze‹, der in einen Diamantendiebstahl verwickelt wird.

Uraufführung: 14.4.1949 – München, Rathaus-Lichtspiele

1949 **Ich mach' dich glücklich**

Produktion: Comedia. Regie: Alexander von Szlatinay. Drehbuch: Tibor Yost. Nach einem Lustspiel von Gabor von Vaszary. Musik: Werner Bochmann.

Darsteller: Heinz Rühmann, Hertha Feiler, Karl Schönböck, Dorit Kreysler, Hans Leibelt, Margarete Haagen, Lotte Stein, Fritz Kampers, Rudolf Schündler, Jochen Hauer, Gunnar Möller, Harald Mannel, Kurt von Ruffin.

Heinz Rühmann als Reporter Peter, der erst von seinem Verleger entlassen wird, um letztlich mit dessen Tochter ein Happy-End erleben zu können.

Uraufführung: 2.12.1949 – Europa-Palast, Düsseldorf

1952 **Das kann jedem passieren**

Produktion: Komet. Regie: Paul Verhoeven. Drehbuch: Edgar Kahn, Hans Schweikart. Musik: Lotar Olias.

Darsteller: Heinz Rühmann, Gisela Schmidting, Gustav Knuth, Alice Treff, Werner Fuetterer, Bum Krüger, Ingrid Lutz, Hubert von Meyerinck, Michl Lang, Liesl Karlstadt, Hans Leibelt, Doris Kiesow, Hilde Classen, Fritz Imhoff, Iska Geri, Helmut M. Backhaus.

Heinz Rühmann als Steuerberater Brinkmeyer, der durch Eifer und Pflichtbewußtsein zwei unehelichen Kindern eine Mutter gibt.

Uraufführung: 30.5.1952 – Apollo, Düsseldorf. Residenz, Duisburg

1952 **Schäm' dich, Brigitte** auch **Wir werden das Kind schon schaukeln**

Produktion: Styria. Regie: E. W. Emo. Drehbuch: Karl Farkas, Hugo M. Kritz, E. W. Emo. Nach dem Bühnenstück *Bubusch* von Gabor von Vaszary. Musik: Heinz Sandauer.

Ein erfolgreiches Trio (Heinz Rühmann, Hans Moser und Theo Lingen)
wieder in einem gemeinsamen Film, in dem Verwechslungsspiel › Wir werden
das Kind schon schaukeln‹ (1952). Regie: E. W. Emo.

Darsteller: Heinz Rühmann, Theo Lingen, Hilde Berndt, Annie Rosar, Lotte Lang, Hans Moser, Margarete Slezak, Nadja Tiller, Gusti Wolf, Chariklia Baxevanos.

Heinz Rühmann als Dr. Felix Schneider, der mit zwei anderen Ehemännern wegen eines ominösen Liebesbriefes nicht nur Ärger mit den Frauen, sondern auch noch mit der Schwiegermutter bekommt.

Uraufführung: 5.9.1952 – Walhalla, Wiesbaden; 10.10.1952 in mehreren Kinos in Wien.

1953 **Keine Angst vor großen Tieren**
Produktion: Real-Film. Regie: Ulrich Erfurth. Dreh-

buch: Louis Agotay, Just Scheu, Ernst Nebhut. Nach Karl Noti. Musik: Michael Jary.

Darsteller: Heinz Rühmann, Ingeborg Körner, Gustav Knuth, Maria Paudler, Werner Fuetterer, Erich Ponto, Willi Maertens, Margarete Slezak, Bruno Fritz, Jakob Tiedtke, Albert Florath, Harry Pinetzky, Lotte Klein, Beppo Brem, Hubert von Meyerinck, Wolfgang Neuss, Ruth Stephan, Ursula Herking, Max Schmeling.

Heinz Rühmann als liebenswerter Zeitgenosse Emil Keller, der lange Zeit braucht, seine Schüchternheit zu überwinden, als er eine Löwengruppe erbt.

Uraufführung: 31.7.1953 – Apollo, Düsseldorf

1953 * **Briefträger Müller**

Produktion: Berolina. Regie: John Reinhardt, Heinz Rühmann. Drehbuch: Eberhard Keindorff, Johanna Sibelius. Nach einer Novelle von Ernst Neubach. Musik: Friedrich Schröder.

Darsteller: Heinz Rühmann, Heli Finkenzeller, Gisela Mayen, Wolfgang Condrus, Susanne von Almassy, Harald Paulsen, Oskar Sima, Else Reval, Eckart Dux, Trude Hesterberg, Rolf Kutschera.

Heinz Rühmann als Briefträger Titus Müller, der durch etwas ungewöhnliche Erbenfindung zu plötzlichem Reichtum gelangt.

Uraufführung: 1.10.1953 – Universum, Stuttgart

1954 **Auf der Reeperbahn nachts um halb eins**

Produktion: Berolina. Regie: Wolfgang Liebeneiner. Drehbuch: Gustav Kampendonk, Curt J. Braun. Musik: Herbert Trantow.

Darsteller: Hans Albers, Heinz Rühmann, Fita Benkhoff, Helga Franck, Gustav Knuth, Jürgen Graf, Erwin Strahl, Wolfgang Neuss, Else Reval, Carl Hinrichs.

Heinz Rühmann als Pitter Breuer, Besitzer einer heruntergekommenen Hafenkneipe, die dank eines U-Boot-Schatzes und der Freundschaft eines Seemannes renoviert werden kann.

Uraufführung: 16.12.1954 – Barke, Hamburg

1954 **Zwischenlandung in Paris (›Escale à Orly‹)**

Produktion: Corona/Hoche-Marina. Regie: Jean Dréville. Drehbuch: Jacques Companéez, Joseph Than.

Nach dem gleichnamigen Roman von Curt Riess. Musik: Paul Misraki.

Darsteller: Dany Robin, Dieter Borsche, Heinz Rühmann, Hans Nielsen, Simone Renant, Doris Kirchner, Gisela von Collande, Anneliese Kaplan, Hans Richter, Claus Biederstaedt, Holger Hagen, François Périer, Micheline Gary, Reinhard Kolldehoff.

Heinz Rühmann deckt als schwerhöriger Paketabfertiger Petit auf dem Flughafen Paris-Orly einen Rauschgiftschmuggel auf.

Uraufführung: 17.3.1955 – Capitol, Köln

1955   **Charleys Tante**

Produktion: Berolina. Regie: Hans Quest. Drehbuch: Gustav Kampendonk. Nach dem gleichnamigen Schwank von Brandon-Thomas. Musik: Friedrich Schröder.

Darsteller: Heinz Rühmann, Hertha Feiler, Claus Biederstaedt, Walter Giller, Hans Olden, Bum Krüger, Ina Peters, Hans Leibelt, Paul Hörbiger, Helmuth Rudolph, Hilde von Stolz, Ewald Wenck, Wolfgang Condrus, Oskar Sabo jr., Wolfgang Völz, Wolfgang Neuss.

Rühmann als Handelsattaché Dr. Otto Dernburg, der seinem Neffen zuliebe in Frauenkleider schlüpft, die nicht nur Verwirrung, sondern auch Lacherfolg bringen und der ›Tante‹ auch die Frau fürs Leben bescheren.

Uraufführung: 19.1.1956 – Ufa-Palast, Köln

1955   **Wenn der Vater mit dem Sohne**

Produktion: Berolina. Regie: Hans Quest. Drehbuch: G. Kampendonk, Eckart Hachfeld. Musik: Heino Gaze.

Darsteller: Heinz Rühmann, Oliver Grimm, Waltraut Haas, Robert Freitag, Carl-Heinz Schroth, Fita Benkhoff, Rudolf Schündler, Arnim Dahl.

Heinz Rühmann als fürsorglicher Vater Teddy Lemke, der als Musikclown im Zirkus auftritt.

Uraufführung: 12.8.1955 – Ufa-Palast, Köln

1956   **Der Hauptmann von Köpenick**

Produktion: Real. Regie: Helmut Käutner. Drehbuch: Carl Zuckmayer, Helmut Käutner. Nach dem gleichnamigen Bühnenstück von Carl Zuckmayer. Musik: Bernhard Eichhorn.

*Der Schneider verleiht auf diese Weise seiner Freude Ausdruck. Heinz Rüh-
mann in ›Schneider Wibbel‹ (1956). Regie: Kurt Meisel.*

Darsteller: Heinz Rühmann, Hannelore Schroth, Martin
Held, Erich Schellow, Ilse Fürstenberg, Walter Giller,
Maria Sebaldt, Friedrich Domin, Ethel Reschke, Joseph
Offenbach, Wolfgang Neuss, Bum Krüger, Willi Rose,
Reinhard Koldehoff, Otto Wernicke, Siegfried Lowitz,
Willy Maertens.
Heinz Rühmann in seiner herrlichen Glanzrolle als tragi-

komischer Schuster Wilhelm Voigt, der in Uniform viel Aufsehen erregt und Verwirrung stiftet.

Uraufführung: 16.8.1956 – Ufa-Palast, Köln

1956   **Schneider Wibbel**

(früher: ›Das Sonntagskind‹)

Produktion: Berolina. Regie: Kurt Meisel. Drehbuch: Gustav Kampendonk. Nach Motiven des gleichnamigen Volksstückes von Hans Müller-Schlösser. Musik: Friedrich Schröder.

Darsteller: Heinz Rühmann, Hannelore Bollmann, Werner Peters, Günther Lüders, Walter Giller, Carla

Heinz Rühmann 1956 als Schneider Anton Wibbel, der für sich einen Gesellen ins Gefängnis schickt. Dem witzig-unterhaltsamen Film liegt eine Komödie von Hans Müller-Schlösser zugrunde (rechts Walter Giller).

Hagen, Otto Wernicke, Siegfried Lowitz, Lilo Hartmann, Kurt Pratsch-Kaufmann, Alexa von Porembsky. Heinz Rühmann als Schneider Anton Wibbel, der seinen Gesellen für sich ins Gefängnis schickt. (Die Wiederverfilmung spielt nicht wie ursprünglich in der napoleonischen Besatzungszeit, sondern in der Zeit nach dem Zweiten Weltkrieg.)
Uraufführung: 12.9.1956 – Apollo, Düsseldorf

1957 **Vater sein dagegen sehr**
Produktion: Berolina. Regie: Kurt Meisel. Drehbuch: Gustav Kampendonk, Hans Jacoby. Nach dem gleichnamigen Roman von Horst Biernath. Musik: Michael Jary.
Darsteller: Heinz Rühmann, Marianne Koch, Hans Leibelt, Maren-Inken Bielenberg, Rolf Pinegger, Paul Esser, Edith Schollwer, Agnes Windeck, Luigi Malipiero, Kurt Meisel, Franz Otto Krüger.
Heinz Rühmann als Junggeselle Lutz Ventura, der sich der verwaisten Kinder seiner Schwester annimmt und damit beinahe seine bestehende Verlobung ernsthaft gefährdet.
Uraufführung: 12.9.1957 – Ufa-Palast, Köln

1958 **Der Eiserne Gustav**
Produktion: Ulrich. Regie: Georg Hurdalek. Drehbuch: Georg Hurdalek. Musik: Bernhard Eichhorn.
Darsteller: Heinz Rühmann, Lucie Mannheim, Ernst Schröder, Karin Baal, Ingrid van Bergen, Ruth Nimbach, Manfred Grote, Hilde Sessak, Willi Rose, Bruno Fritz, Harry Meyen, André Saint-Germain, Friedrich Schoenfelder.
Heinz Rühmann als Droschkenkutscher Gustav Hartmann, der aus Protest gegen das aufkommende Automobil mit seinem Gespann von Berlin nach Paris und wieder zurück fährt.
Uraufführung: 5.12.1958 – Marmorhaus, Berlin

1958 **Es geschah am hellichten Tag**
Produktion: CCC/Praesens, Zürich. Regie: Ladislao Vajda. Drehbuch: Friedrich Dürrenmatt, Hans Jacoby, Ladislao Vajda. Nach dem Roman *Das Versprechen* von Friedrich Dürrenmatt. Musik: Bruno Canfora.
Darsteller: Heinz Rühmann, Michel Simon, Ewald Bal-

ser, Gert Fröbe, Berta Drews, Siegfried Lowitz, René Magron.
Heinz Rühmann als Kriminalkommissar Matthäi, der einen Kindermörder jagt und stellt.
Uraufführung: 7.8.1958 – Filmfestspiele Berlin

1958 **Manden, der ikke ku'signe nej (›Der Mann, der nicht nein sagen konnte‹)**
Produktion: Rialto/Pen, Kopenhagen. Regie: Kurt Früh. Drehbuch: Hans Jacoby, Max Colpet. Nach einer

Der Schriftsteller Lutz Ventura (Heinz Rühmann) hat sich entschlossen, die Waisen Traudl (Maren-Inken Bielenberg) und Rudi (Rolf Pinegger) vorerst unter seine Fittiche zu nehmen. Sie fühlen sich bald sehr wohl in seiner romantischen Turmwohnung: ›Vater sein dagegen sehr‹ (1957).

Novelle von Hans Jacoby. Musik: Heinrich Sutermeister.

Darsteller: Heinz Rühmann, Hannelore Schroth, Siegfried Lowitz, Ursula Heyer, Renate Ewert, Helga Münster, Wolfgang Kieling, Willi Rose, Inge Stolten.

Heinz Rühmann als ehrbarer und gutherziger Kleinbürger Thomas Träumer, der drei ausgerissene Mädchen vor der Polizei versteckt und dabei in falschen Verdacht gerät.

Uraufführung: 11.8.1959 – Alexandra, Kopenhagen

Deutsche Erstaufführung: 4.9.1958 – Ufa-Palast, Köln

1958   **Der Pauker**

Produktion: Ulrich. Regie: Axel von Ambesser. Drehbuch: Curth Flatow, Eckart Hachfeld. Musik: Karl von Feilitzsch.

Darsteller: Heinz Rühmann, Wera Frydtberg, Gert Fröbe, Peter Kraus, Ernst Reinhold, Hans Zander, Michael Verhoeven, Peter Vogel, Klaus Löwitsch, Bruni Löbel, Ernst Fritz Fürbringer, Hans Leibelt, Walter Sedlmayr, Gustl Datz.

Heinz Rühmann als Studienrat Dr. Hermann Seidel, der mit unkonventionellen Methoden aus einer Schulklasse voller Rowdies brave junge Männer macht.

Uraufführung: 2.10.1958 – bundesweit

1959   **Menschen im Hotel**

Produktion: CCC/Films Modernes, Paris. Regie: Gottfried Reinhardt. Drehbuch: Hans Jacoby, Ladislaus Fodor. Nach dem gleichnamigen Roman von Vicki Baum. Musik: Hans-Martin Majewski.

Darsteller: Michèle Morgan, O. W. Fischer, Heinz Rühmann, Gert Fröbe, Sonja Ziemann, Wolfgang Wahl, Dorothea Wieck, Friedrich Schoenfelder.

Heinz Rühmann als ewig getretener, bereits vom Tode gezeichneter und sich noch einmal ins volle Leben stürzender Buchhalter Kringelein.

Uraufführung: 23.9.1959 – Gloria-Palast, München

1959   **Ein Mann geht durch die Wand**

Produktion: Ulrich. Regie: Ladislao Vadja. Drehbuch: István Békeffy, Hans Jacoby. Nach der Novelle *Le Passe Muraille* von Marcel Aymé. Musik: Franz Grothe.

›Ein Mann geht durch die Wand‹. Heinz Rühmann in einem Film von Ladislao Vadja, mit Günter Gräwert, Hubert von Meyerinck und Rudolf Vogel (v. links).

Darsteller: Heinz Rühmann, Nicole Courcel, Anita von Ow, Rudolf Rhomberg, Rudolf Vogel, Peter Vogel, Michael Burk, Günter Gräwert, Karl Lieffen, Hans Leibelt, Hubert von Meyerinck, Elfie Pertramer, Henry Vahl, Karl-Michael Vogler, Lina Carstens, Fritz Eckhardt, Ernst Fritz Fürbringer, Friedrich Domin.

Heinz Rühmann als geduckter Steuerbeamter Buchsbaum, der durch seine besondere Fähigkeit berufliche Erfüllung und privates Glück findet.

Uraufführung: 14.10.1959 – Theater am Rudolfplatz, Köln

1959 **Der Jugendrichter**

Produktion: Ulrich. Regie: Paul Verhoeven. Drehbuch: Hans Jacoby, István Békeffy. Musik: Raimund Rosenberger.

Darsteller: Heinz Rühmann, Lola Müthel, Karin Baal,

Hans Nielsen, Michael Verhoeven, Erich Fiedler, Willi Rose, Jan Hendriks.

Heinz Rühmann als idealistischer Jugendrichter, Amtsgerichtsrat Dr. Ferdinand Bluhme, der mit Strenge, aber auch mit Güte ein verwahrlostes Mädchen wieder auf den Pfad der Tugend bringt.

Uraufführung: 11.2.1960 – Weltspiele, Hannover

1960 **Mein Schulfreund** (früher: ›Der Schulfreund‹)

Produktion: Divina. Regie: Robert Siodmak. Drehbuch: Johannes Mario Simmel, Robert A. Stemmle. Nach dem Schauspiel *Der Schulfreund* von J. M. Simmel. Musik: Raimund Rosenberger.

Darsteller: Heinz Rühmann, Loni von Friedl, Fritz Wepper, Alexander Golling, Carsta Löck, Alexander Kerst, Ernst Schröder, Hertha Feiler, Hans Leibelt, Reinhard Glemnitz, Wolfgang Reichmann, Mario Adorf.

Heinz Rühmann als Briefträger Ludwig Fuchs, der nach dem Kriege darum kämpft, daß ihm ›der Paragraph‹, den ihm sein nun einflußreicher ehemaliger Schulfreund verschafft hatte, wieder abgenommen wird.

Uraufführung: 22.7.1960 – bundesweit

1960 **Der brave Soldat Schwejk**

Produktion: CCC. Regie: Axel von Ambesser. Drehbuch: Hans Jacoby. Nach dem gleichnamigen Roman von Jaroslav Hašek. Musik: Bernhard Eichhorn.

Darsteller: Heinz Rühmann, Ernst Stankovski, Ursula von Borsody, Senta Berger, Erika von Thellmann, Franz Muxeneder, Hugo Gottschlich, Fritz Imhoff, Hans Thimig, Guido Wieland, Erik Frey, Fritz Muliar, Rudolf Rhomberg, Jane Tilden.

Heinz Rühmann in der Figur des schlitzohrigen böhmakelnden Prager Hundefängers, des Überlebenskünstlers und perfekten Durchmoglers Schwejk.

Uraufführung: 22.9.1960 – Ufa-Palast, Köln

1960 **Das schwarze Schaf**

Produktion: Bavaria. Regie: Helmuth Ashley. Drehbuch: István Békeffy. Musik: Martin Böttcher.

Darsteller: Heinz Rühmann, Karl Schönböck, Maria Sebaldt, Siegfried Lowitz, Lina Carstens, Fritz Rasp, Herbert Tiede, Friedrich Domin, Hans Leibelt.

Heinz Rühmann, Fritz Wepper (Mitte) und Alexander Golling in ›Mein Schulfreund‹.

Heinz Rühmann und Mario Adorf in ›Mein Schulfreund‹ (1960).

Geldbriefträger Ludwig Fuchs hatte einen Schulfreund, der im Hitler-Deutschland ein ›hohes Tier‹ wurde. Heinz Rühmann vor dem Porträt dieses Herrn in Robert Siodmaks Spielfilm ›Mein Schulfreund‹.

›Das schwarze Schaf‹ ist Heinz Rühmann in der Rolle des Pater Brown nach den Erzählungen von Gilbert K. Chesterton. Er kümmert sich um Dinge, die ihn eigentlich nichts angehen, und gelangt somit als Geistlicher in allerlei verfängliche Situationen. Regie führt Helmuth Ashley (1960).

Gernot Duda, Lina Carstens und Heinz Rühmann in ›Das schwarze Schaf‹.

Szenenfoto aus ›Der brave Soldat Schwejk‹. Heinz Rühmann und Erika von Thellmann (1960).

Heinz Rühmann als detektivisch erfolgreicher Pater Brown.
Uraufführung: 19.12.1960 – bundesweit

1961 Der Lügner

Produktion: Real. Regie: Ladislao Vadja. Drehbuch: Hans Jacoby, István Békeffy. Nach dem Bühnenstück *The Eleven Lives of Mister Leo* von Herman Shiffrin. Musik: Siegfried Franz.

Darsteller: Heinz Rühmann, Julia Follina, Annemarie Düringer, Blandine Ebinger, Gustav Knuth, Werner Hinz, Joseph Offenbach, Siegfried Wischnewski, Werner Schumacher, Turay Békeffy, Ralf Wolter.

Heinz Rühmann als Angestellter Sebastian Schumann, der vor seinem Kind eine Scheinwelt errichtet, um am Ende doch wieder zur Wirklichkeit zurückzufinden.
Uraufführung: 21.12.1961 – Ufa-Palast, Köln

1961 Max, der Taschendieb

Produktion: Bavaria. Regie: Imo Moszkowicz. Drehbuch: István Békeffy, Hans Jacoby. Musik: Martin Böttcher.

Darsteller: Heinz Rühmann, Elfie Pertramer, Arno Assmann, Hans Clarin, Hans Heßling, Ruth Stephan, Lotte Ledl, Frithjof Vierock, Helga Anders, Benno Sterzenbach.

Heinz Rühmann überführt als kleiner Gauner Max einen Verbrecher und wird mit Hilfe der Polizei wieder ehrlich.
Uraufführung: 1.3.1962 – Universum, Karlsruhe

1962 Er kann's nicht lassen

Produktion: Bavaria. Regie: Axel von Ambesser. Drehbuch: Carl Merz, Egon Eis. Nach den *Father-Brown-Stories* von Gilbert K. Chesterton. Musik: Martin Böttcher.

Darsteller: Heinz Rühmann, Grit Boettcher, Rudolf Forster, Ruth-Maria Kubitschek, Siegfried Wischnewski, Lina Carstens, Peter Ehrlich, Horst Tappert.

Heinz Rühmann als Pater Brown, der erfolgreich zuerst einen Gemäldediebstahl, dann eine Rauschgift-, später eine Erbschleicher- und Mordgeschichte aufklärt.
(Fortsetzung des Films ›Das schwarze Schaf‹)
Uraufführung: 19.10.1962 – bundesweit

›Der Lügner‹ (1961): Heinz Rühmann erneut unter der Regie von Ladislao Vajda in der Scheinwelt eines Mannes, der wieder zu den Realitäten des Lebens zurückfinden muß.

Der Taschendieb Max wird zum Schluß des Films ehrlich. Hier schaut's allerdings noch nicht so aus. Heinz Rühmann in ›Max, der Taschendieb‹ (1961).

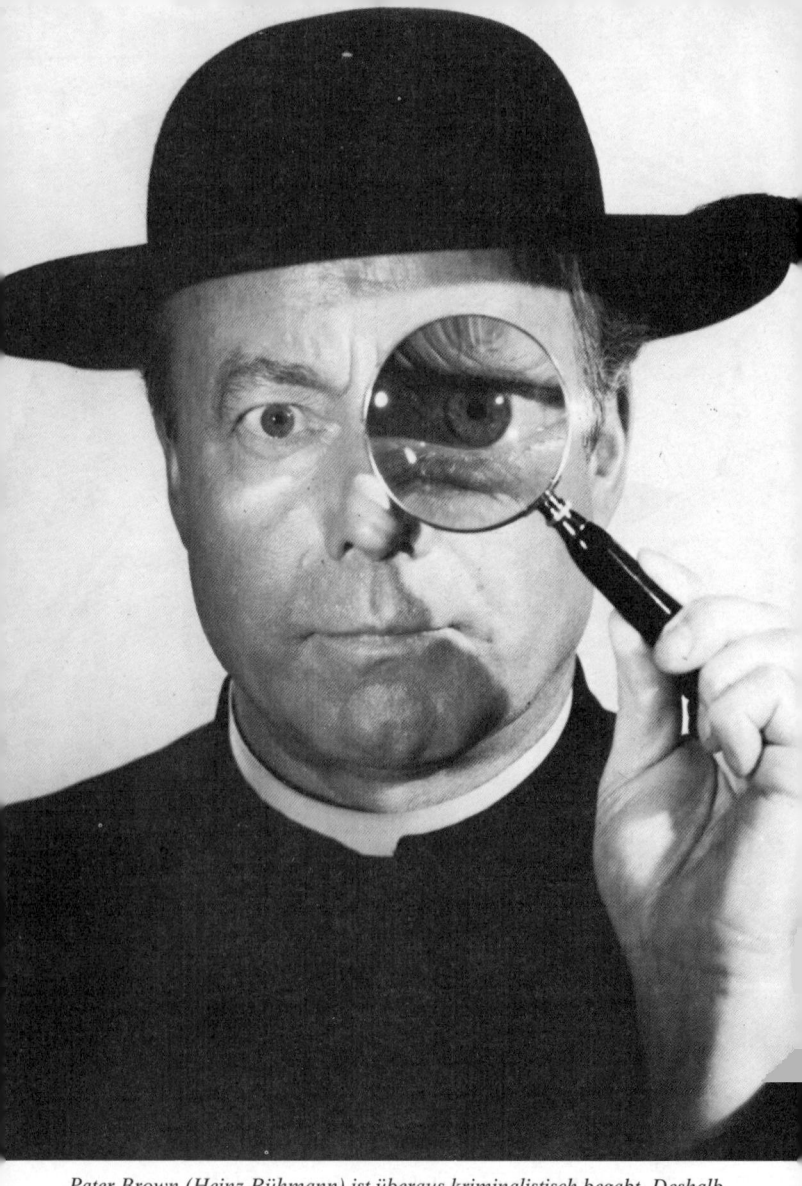

Pater Brown (Heinz Rühmann) ist überaus kriminalistisch begabt. Deshalb der Titel des Films: ›Er kann's nicht lassen‹ (1962).

1963   **Meine Tochter und ich**
Produktion: Divina. Regie: Thomas Engel. Drehbuch:
Curth Flatow. Musik: Franz Grothe.
Darsteller: Heinz Rühmann, Gertraud Jesserer, Eckart
Dux, Gustav Knuth, Agnes Windeck, Christiane Niel-
sen, Herta Staal, Heinz Schubert.
Heinz Rühmann als verwitweter Vater Dr. Stegemann,
der vergeblich versucht, die Heirat seiner Tochter zu ver-
hindern.
Uraufführung: 16.8.1963 – bundesweit

1963   **Das Haus in Montevideo**
Produktion: Domnick. Regie: Helmut Käutner. Drehbuch: von und nach Curt Goetz gleichnamiger morali-
scher Komödie. Musik: Franz Grothe.
Darsteller: Heinz Rühmann, Ruth Leuwerik, Paul
Dahlke, Ilse Pagé, Michael Verhoeven, Doris Kiesow,
Hanne Wieder, Viktor de Kowa, Fritz Tillmann, Herbert Kroll, Georg Gütlich.
Heinz Rühmann als überaus trefflicher Professor Trau-
gott Nägler, der ein Haus voller Liebesmädchen erbt und
ihnen schließlich dieses überläßt.
Uraufführung: 17.10.1963 – Theater am Kröpcke, Hannover

1963   **Vorsicht, Mr. Dodd!** auch **Ihn kann nichts erschüttern**
Produktion: Divina. Regie: Günter Gräwert. Drehbuch:
Utz Utermann, Claus Hardt. Nach *Out of Bounds* von
A. Watkyn. Musik: Franz Grothe.
Darsteller: Heinz Rühmann, Maria Sebaldt, Robert
Graf, Ernst Fritz Fürbringer, Erika von Thellmann,
Horst Keitel, Rudolf Rhomberg, Harry Wüstenhagen,
Mario Adorf.
Heinz Rühmann in der Doppelrolle des Mr. Dodd/Mar-
mion, der als Spionageboß und Lehrer Agenten jagt.
Uraufführung: 14.2.1964 – bundesweit

1964   **Dr. med. Hiob Prätorius**
Produktion: Domnick. Regie: Kurt Hoffmann. Dreh-
buch: Heinz Pauck, István Békeffy. Nach dem gleichna-
migen Bühnenstück von Curt Goetz. Musik: Franz
Grothe.
Darsteller: Heinz Rühmann, Liselotte Pulver, Fritz Till-

mann, Fritz Rasp, Werner Hinz, Klaus Schwarzkopf.
Heinz Rühmann als Professor Dr. med. Hiob Prätorius,
der die Mikrobe der menschlichen Dummheit bekämp-
fen will und sich mit Humor gegen Kollegenneid behaup-
tet.
Uraufführung: 14.1.1965 – bundesweit

1965   **Ship of Fools (›Das Narrenschiff‹)**
Produktion: Kramer. Regie: Stanley Kramer. Dreh-
buch: Abby Mann. Nach dem gleichnamigen Roman von
Katherine Anne Porter. Musik: Ernest Gold.
Darsteller: Vivien Leigh, Simone Signoret, José Ferrer,
Lee Marvin, Oskar Werner, Elizabeth Ashley, George

*›Das Haus in Montevideo‹ (1963): Bildmitte Ruth Leuwerik und Heinz Rüh-
mann, rechts außen Ilse Pagé.*

Segal, José Greco, Michael Dunn, Charles Korvin,
Heinz Rühmann, Lilia Skala, Barbara Luna, Christiane
Schmidtmer, John Wengraf, Olga Fabian, Gila Golan,
Paul Daniel.
Heinz Rühmann als deutscher Jude Julius Löwenthal,
den das Heimweh zurück nach Deutschland treibt.
Uraufführung: 4.5.1965 in den USA
Deutsche Erstaufführung: 1.10.1965 – Sendlinger-Tor-
Lichtspiele, München

Unter der Regie von Helmut Käutner entstand die Neuverfilmung einer Vorlage von Curt Goetz: ›Das Haus in Montevideo‹ (1963). Im Bild: Ruth Leuwerik und Heinz Rühmann als die Näglers.

›Vorsicht, Mr. Dodd‹. Um seinem Vaterland einen Dienst zu erweisen, schlüpft der biedere Schuldirektor Mister Dodd in die Maske des gefährlichen internationalen Atomspions Mister Marmion. Heinz Rühmann in einer Doppelrolle. Links: Ernst Fritz Fürbringer, rechts: Horst Keitel (1963).

Heinz Rühmann als Dr. Stegemann mit Gertraud Jesserer in dem Gloria-Film ›Meine Tochter und ich‹ (1963). Daß Vater und Tochter ein recht enges und herzliches Verhältnis verbindet, ist nicht zu übersehen.

Die Studenten vergöttern ihn, den ›Dr. med. Hiob Prätorius‹, den Heinz Rühmann 1964 spielte. Curt Goetz ist der Autor des Stücks, Kurt Hoffmann führte Regie.

›Das Liebeskarussell‹: Johanna von Koczian und Heinz Rühmann in der Episode ›Dorothea‹ (1965).

1965 **Das Liebeskarussell**
Produktion: Intercontinental. Regie: Axel von Ambes-
ser, Rolf Thiele, Alfred Weidenmann. Drehbuch: Dr.
Kurt Nachmann, Herbert Reinecker, Paul Hengge.
Musik: Erwin Halletz.
Darsteller: Curd Jürgens, Nadja Tiller, Ivan Desny, Gert
Fröbe, Cathérine Deneuve, Heinz Rühmann, Johanna
von Koczian, Hans Leibelt, Bum Krüger, Gisela Hahn,
Eva Kinsky, Christine Schuberth, Anita Ekberg, Peter
Alexander, Axel von Ambesser.
Heinz Rühmann als tugendhafter Professor Hellberg
und früherer Klassenprimus, der von seinen ehemaligen
Mitschülern mit Hilfe einer jungen Frau in eine peinliche
Situation gebracht wird.
Uraufführung: 30.9.1965 – Gloria-Palast, München

1965 **Hokuspokus oder Wie lasse ich meinen Mann verschwin-
den**
Produktion: Domnick. Regie: Kurt Hoffmann. Dreh-
buch: Eberhard Keindorff, Johanna Sibelius. Nach
dem Bühnenstück *Hokuspokus* v. C. Goetz. Musik: F.
Grothe.
Darsteller: Heinz Rühmann, Liselotte Pulver, Richard
Münch, Fritz Tillmann, Klaus Miedel, Joachim Teege.
Heinz Rühmann als Maler Peer Bille, der Justiz und
Kunsthändler mit seinem angeblichen Tod narrt, um so
den Preis seiner Bilder hochzutreiben.
Uraufführung: 3.3.1966 – Barke, Hamburg

1966 **La bourse et la vie (›Geld oder Leben‹)**
Produktion: Columbia-Bavaria/Orsay-Balzac-Societé
d'Expansion du Spectacle/Vides, Paris. Regie: Jean-
Pierre Mocky. Drehbuch: Jean-Pierre Mocky, J. P. Mar-
zelle, Alain Moury. Musik: Bernhard Kesslair.
Darsteller: Fernandel, Heinz Rühmann, Jean Poiret,
Michel Galabru, Darry Cowl, Jacques Legras, Ga-
briello.
Heinz Rühmann als pedantischer Buchhalter Schmidt,
der die Unterschlagung von einer Million Francs durch
seinen Geschäftsführer verhindert.
Uraufführung: 27.4.1966, Paris
Deutsche Erstaufführung: 2.9.1966 – bundesweit

Heinz Rühmann wieder einmal in einem Dialoglustspiel, für das Curt Goetz die literarische Vorlage schrieb: ›Hokuspokus oder Wie lasse ich meinen Mann verschwinden‹ (1965). Rühmanns Partner auf dem Foto: Klaus Miedel (links) und Liselotte Pulver.

Jean-Pierre Mocky inszenierte 1966 die deutsch-französisch-italienische Gemeinschaftsproduktion ›Geld oder Leben‹/›La bourse et la vie‹. Unser Bild: Fernandel und Heinz Rühmann.

›Il caso difficile del Commissario Maigret‹ (Maigret und sein größter Fall, 1966). Rechts Eddi Arent.

1966   **Maigret und sein größter Fall**
        Produktion: Intercontinental/Terra/Carmina. Regie: Alfred Weidenmann. Drehbuch: Herbert Reinecker. Nach dem Roman *Maigret und der Spion* von Georges Simenon. Musik: Erwin Halletz.
        Darsteller: Heinz Rühmann, Françoise Prévost, Günther Stoll, Günther Strack, Gerd Vespermann, Alexander Kerst, Ulli Lommel, Edwin Noel, Giacomo Furia, Günther Ungeheuer, Eddi Arent.
        Heinz Rühmann als Kommissar Maigret, der einen Bilderdieb und Mörder jagt.
        Deutsche Erstaufführung: 24.11.1966

1966   **Grieche sucht Griechin**
        Produktion: Seitz. Regie: Rolf Thiele. Drehbuch: Georg Laforet. Nach der gleichnamigen Komödie von Friedrich Dürrenmatt. Musik: Rolf Wilhelm.

Nach einer Komödie von Friedrich Dürrenmatt inszenierte Rolf Thiele ›Grieche sucht Griechin‹ mit Heinz Rühmann in der Hauptrolle (1966).

Darsteller: Heinz Rühmann, Irina Demick, Hannes Messemer, Hanne Wieder, Charles Regnier, Walter Rilla, Franz Kutschera, Rudolf Rhomberg, Balduin Baas, Rudolf Forster, Michael Maien, Hans Leibelt.
Heinz Rühmann als Unterbuchhalter Archilochos, der wegen der schönen Chloe auf Brille und Tugend verzichtet.
Uraufführung: 19.6.1966

1968 **Die Abenteuer des Kardinal Brown**
Produktion: Roxy/Ultra/Marianne. Regie: Lucio Fulci. Drehbuch: Adriano Baracco, Ennio de Concini, Paul Hengge, Lucio Fulci, Roberto Gianviti.
Darsteller: Heinz Rühmann, Uta Levka, Jean-Claude Brialy, Wolfgang Kieling, Herbert Fux, Lando Buzzanca, Christine Barcley, Edward G. Robinson.
Heinz Rühmann als Kurienkardinal Braun, der den Diebstahl der Pietà von Michelangelo aufklärt.
Uraufführung: 13.2.1968 – Filmbühne Wien, Berlin

1968 **Die Ente klingelt um ½ 8**
Produktion: Roxy/Sancro International. Regie: Rolf Thiele. Drehbuch: Roy Evans, Paul Hengge, Ricardo Ghione. Nach *Vi er allesammen tossede* von Aage Stenthoft. Musik: Martin Böttcher.
Darsteller: Heinz Rühmann, Hertha Feiler, Graziella Granata, Charles Regnier, Balduin Baas, Rudolf Schündler, Monica Teuber, Herbert Bötticher, Sammy Drechsel.
Heinz Rühmann als Dr. Alexander, der einen Geistesgestörten mimen muß, um wieder als normal anerkannt zu werden.
Uraufführung: 13.9.1968 – bundesweit

1971 **Der Kapitän**
Produktion: Seitz/Terra. Regie: Kurt Hoffmann. Drehbuch: Georg Laforet. Nach dem Roman *The Captain's Table* von Richard Gordon. Musik: James Last.
Darsteller: Heinz Rühmann, Johanna Matz, Terry Torday, Horst Tappert, Ernst Stankovski, Hans Korte, Horst Janson, Günther Pfitzmann, Monika Lundi, Joseph Offenbach, Carl Lange.
Heinz Rühmann als Kapitän Ebbs eines abgetakelten

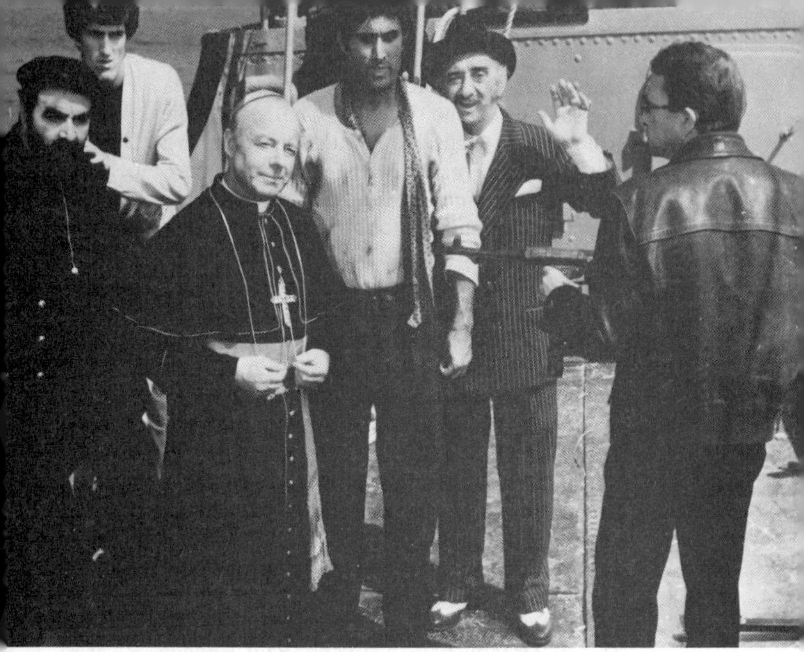

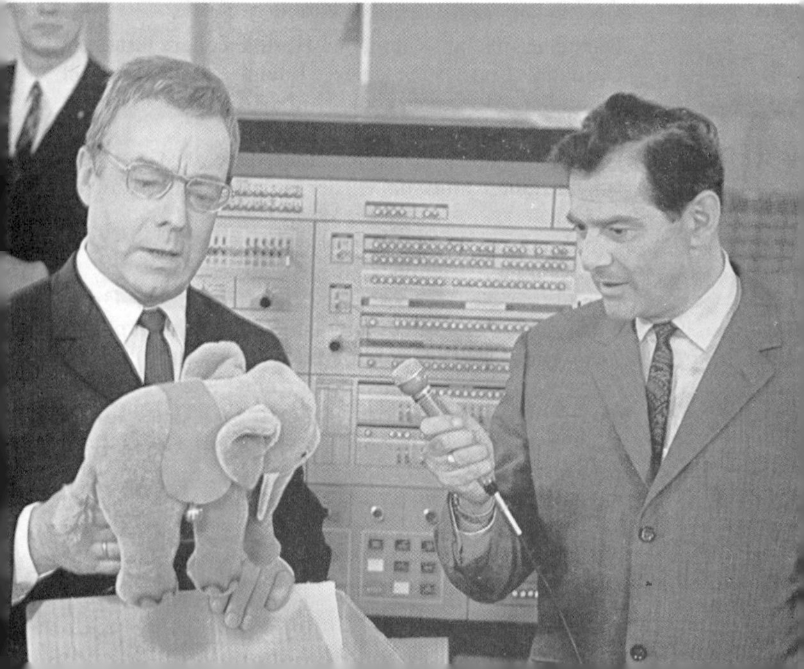

Frachtdampfers, der das Kommando auf einem Urlauberschiff übernimmt und mit Mannschaft und Passagieren in verschiedene brenzlige Situationen gerät.
Uraufführung: 28.10.1971 – bundesweit

1973 **Oh Jonathan – oh Jonathan!**
Produktion: Terra. Regie: Franz Peter Wirth. Drehbuch: Franz Peter Wirth. Nach dem Buch von Hans Kräly. Musik: Horst Jankowski.
Darsteller: Heinz Rühmann, Franziska Oehme, Paul Dahlke, Peter Fricke, Paul Verhoeven, Beppo Brem, Paul Neuhaus, Jürgen Scheller, Willi Semmelrogge, Horst Jankowski.
Heinz Rühmann in der Rolle eines verschlossenen, aber sentimentalen Millionärs.
Uraufführung: 10.5.1973 – bundesweit

1976 **Gefundenes Fressen**
Produktion: Sentana. Regie: Michael Verhoeven. Drehbuch: Elke Heidenreich, Michael Verhoeven und Bernd Schröder. Musik: Stefan Melbinger.
Darsteller: Heinz Rühmann, Mario Adorf, René Deltgen, Karin Baal, Elisabeth Volkmann.
Heinz Rühmann als Landstreicher Alfred, der mit einem Polizisten Freundschaft schließt.
Uraufführung: 3.3.1977 – bundesweit

1976 **Das chinesische Wunder**
Produktion: Cinema 77. Regie: Wolfgang Liebeneiner. Drehbuch: Dr. Manfred Barthel/Dr. Kurt Nachmann. Musik: Sam Spence.
Darsteller: Senta Berger, Peter Pasetti, Heinz Rühmann, Harald Leipnitz, Christian Kohlund, Friedhelm

Oben: Der Pater ist Kardinal geworden und kann's trotzdem nicht lassen, das Spionieren im Purpurrock. Heinz Rühmann mit Wolfgang Kieling (rechts) und Lando Buzzanca (Mitte) in dem Spielfilm ›Die Abenteuer des Kardinal Brown‹ (1967), einer deutsch-italienisch-französischen Gemeinschaftsproduktion.

Unten: Sammy Drechsler interviewt Heinz Rühmann in dem Rolf-Thiele-Film ›Die Ente klingelt um ½ 8‹ (1968): Durch eine Kettenreaktion von Mißverständnissen kommt ein Wissenschaftler in eine psychiatrische Klinik und wird erst entlassen, nachdem er ›verrückt‹ spielt.

›Oh, Jonathan – oh, Jonathan!‹ Heinz Rühmann in der Titelrolle des Films von Franz Peter Wirth. Nach einer Komödie von Hans Kräly (1973).

Lehmann, Sabi Dorr, Bert Fortell, Gaby Herbst.
Heinz Rühmann als russischer Akupunkturspezialist
Professor Poljakoff, der einer Frau bei einer Kaiser-
schnittgeburt das Leben rettet.
Uraufführung: 21.1.1977 – bundesweit

Heinz Rühmann im Fernsehen

1968   **Der Tod des Handlungsreisenden** (Arthur Miller)
          Heute zwischen Gestern und Morgen
          (Tucholsky-Sendung zum Jahresausklang)

Heinz Rühmann in ›Endspurt‹ (1970).

Heinz Rühmann als Tippelbruder in ›Gefundenes Fressen‹ (1976).

Fernsehen: Heinz Rühmann und Fritz Tillmann in ›Endspurt‹ (1970).

1969	**Sag's dem Weihnachtsmann** (nach D. Bond)
1970	**Mein Freund Harvey** (Mary Chase)
	Endspurt (Peter Ustinov)
1971	**Der Pfandleiher** (A. B. Shiffrin)
1972	**Heinz Rühmann im Gespräch** mit Friedrich Luft
	Porträt zum 70. Geburtstag
1973	**Der Hausmeister** (Harold Pinter)
1975	Hermann-Prey-Show **»Musik ist meine Welt«**
	Gastauftritt von Heinz Rühmann
1976	**Reineke Fuchs**
	(Heinz Rühmann liest Goethe)
	Kein Abend wie jeder andere
	Besinnliche Weihnachtsgeschichte mit Peter Ustinov
1977	**Max und Moritz**
	(Lesung für Kinder nach W. Busch)
	Summa Summarum – Porträt zum 75. Geburtstag
	Rühmann in Rollen, die er immer gern spielen wollte
	Herr und Hund
	(Rühmann spricht den Essay von Thomas Mann)
1978	**Diener und andere Herren**
	Vier Episoden – Rühmann-Special
	Guten Tag, liebes Glück
	Rühmann im Gespräch mit Komponist Franz Grothe
1979	**Balthasar im Stau**
	Vier Episoden als Taxifahrer – Rühmann-Special
	Rund um die Oper
	Silvestersendung mit dem Münchner Nationaltheater
1980	**Aller guten Dinge sind drei**
	Drei Episoden – Rühmann-Special
	Gefundenes Fressen (Michael Verhoeven, Elke Heidenreich, Bernd Schroeder)
1981	**Ein Zug nach Manhattan** (Paddy Chayefsky)
1982	**Ein Schauspieler, Flieger, Mensch**
	Porträt zum 80. Geburtstag von Heinz Rühmann
1983	**Es gibt noch Haselnußsträucher** (n. Georges Simenon)
1986	**Weihnachtliche Geschichten** (Felix Timmermanns)
1987	Auftritt in **»Showgeschichten«**
1988	Auftritt in **»Wetten, daß?«**
1989	Auftritt in **»Showfenster«**
1990/91	**»Herzlichst Heinz Rühmann«**
	Fernsehserie von 27 Lesungen mit Heinz Rühmann

Heinz Rühmann auf Audio

Die großen Erfolge von gestern, Hans Albers
Ariola: 200 030–241; Cass.: 400 030 251
Peter Alexander serviert Spezialitäten, Peter Alexander
Ariola (2 LP): 25 025 XDU; Cass.: 57 003 WU (2 MC)
Das kann doch einen Seemann nicht erschüttern
Crystal (2 LP): 1 M 176–31 062/63 M
Ein Freund, ein guter Freund
Ariola (2 LP): 80 855 XBT
Die großen Filmschlager
Ariola (2 LP): 80 726 XU
Die großen Filmstars
Ariola: 25 070 XAT
Das große Wunschkonzert
EMI-Electrola (2 LP): 1 C 148–31 084/85 M;
Cass.: (2 MC) 1 C 278–30 305 M
Das große Wunschkonzert 2 – Anno dazumal
EMI-Electrola (2 LP): 1 C 178–31 471/72 M;
Cass.: (2 MC) 1 C 278–31 473 M
Der Clown / Ich weiß (Jean-Gabin-Hit ›Maintenant je sais‹)
Philips: 60 03 450
Ich brech' die Herzen der stolzesten Frau'n
Crystal: 056 CRY 32 689 M; Cass.: 256 CRY 32 689 M
Jawohl meine Herr'n
EMI-Electrola (2 LP): 1 C 148–30 058/59 M
Cass. (2 MC): 1 C 278–30 315 M
Crystal: 056 CRY 32 846 M; Cass.: 256 CRY 32 846 M
Max und Moritz (Rühmann liest Wilhelm Busch)
Polydor 237 16 57
Mir geht's gut
Crystal: HZEL 714
EMI-Electrola (2 LP): 1 C 134–45 105/06 M
1 C 038–32 469 M; Cass.: 1 C 238–32 469 M
Crystal (2LP): 176 MFP 31 590/91 M
Wie werde ich reich und glücklich
EMI-Electrola (2 LP): 1 C 134–45 017/18 M

Bibliographie

Aeckerle, Fritz: *Heinz Rühmann – Der Weg eines Humoristen,* Verlag Carl Curtius, Berlin 1940

Barthel, Manfred: *Heinz Rühmann,* Rembrand-Verlag, Berlin 1958

Dr. Bauer, Alfred: *Deutscher Spielfilm-Almanach 1929–1950,* Neuauflage 1976, Filmladen Christoph Winterberg, 8000 München 40

Brinker, Käthe: *Heinz Rühmann/Hertha Feiler – Er und Sie,* Wilhelm Gründler Buch- und Kunstverlag, Berlin 1940/41

Cadars, Pierre/Courtade, Francis: *Geschichte des Films im Dritten Reich,* Carl-Hanser-Verlag, München/Wien 1975

Fraenkel, Heinrich: *Unsterblicher Film,* Kindler-Verlag, München 1957

Kaiser, Joachim: *Was erklärt Rühmanns Popularität?* Süddeutsche Zeitung Nr. 54/1977

Kirst, Hans Hellmut: *Heinz Rühmann – Ein biographischer Report,* Kindler-Verlag, München 1969

Riess, Curt: *Das gab's nur einmal,* Nannen-Verlag, Hamburg 1958

Rühmann, Heinz: *Heinz Rühmann erzählt sein Leben,* Welt am Sonntag, Hamburg 1969

Rühmann, Heinz: *Heinz Rühmann erzählt vom Geschenk der Weisen und anderen Begebenheiten,* Hans-Christians-Verlag, Hamburg 1977

Rühmann, Heinz: *Meinem Publikum in Dankbarkeit,* Verlag Ullstein GmbH, Berlin/Frankfurt a. Main/Wien 1982

Rühmann, Heinz: *Ein Leben in Bildern,* herausgegeben von Manfred Barthel, Ullstein, 1987

Register